甘肃省青少年社会工作

发展报告

（2020）

任文启　主编

◇ 甘肃政法大学公共管理学院学科建设资助项目
◇ 甘肃政法大学2019年重点项目“涉罪未成年人社会支持体系中的司法社会工作实务研究”阶段性成果，项目编号：GZF2019XZDLW06

蘭州大學出版社
LANZHOU UNIVERSITY PRESS

图书在版编目（ＣＩＰ）数据

甘肃省青少年社会工作发展报告. 2020 / 任文启主编. -- 兰州 : 兰州大学出版社, 2020.9
ISBN 978-7-311-05808-1

Ⅰ. ①甘… Ⅱ. ①任… Ⅲ. ①青少年—社会工作—研究报告—甘肃—2020 Ⅳ. ①D432.6

中国版本图书馆CIP数据核字(2020)第183360号

责任编辑　王颢瑾　宋　婷
封面设计　马晓伟

书　　名　甘肃省青少年社会工作发展报告(2020)
作　　者　任文启　主编
出版发行　兰州大学出版社　(地址:兰州市天水南路222号　730000)
电　　话　0931-8912613(总编办公室)　0931-8617156(营销中心)
　　　　　0931-8914298(读者服务部)
网　　址　http://press.lzu.edu.cn
电子信箱　press@lzu.edu.cn
印　　刷　西安日报社印务中心
开　　本　710 mm×1020 mm　1/16
印　　张　14
字　　数　200千
版　　次　2020年9月第1版
印　　次　2020年9月第1次印刷
书　　号　ISBN 978-7-311-05808-1
定　　价　35.00元

目 录

实务案例篇

绪 论

甘肃青少年社会工作发展概况

作为现代化发展过程中社会服务专门化的产物，社会工作专业的出现，一方面表征对特定人群的福利供给由具备专业知识技能的执业者来承担的趋势；另一方面表征新的分工体系必然与既有的社会分工体系产生交互冲击和彼此影响。青少年社会工作亦是如此，它是在传统青少年工作基础上发展起来的新领域，也是社会工作的主要领域之一。青少年社会工作主要以年龄来区分服务对象，一般而言，青少年是少年时期（6～12岁）、青春期（12～20岁）和青年早期（20～30岁）合并起来的阶段，这一区分使得青少年社会工作在理论上有非常明确的服务对象、工作群体和服务侧重。在实际工作中，青少年这一概念有两种理解：一种是指“未成年人”，更侧重于少年儿童等需要被照顾和教育的人群；另一种指青年与少年两个阶段加起来，指“正在成长中”的青年人。2019年发布的《青少年社会工作服务指南》中对青少年的年龄界定为6～35岁，本书对青少年的界定按照这一标准执行。

从我国社团制度的实际情况和目前的管理归口来看，体制内只有青少年工作的对口单位和部门，并不存在与青少年社会工作完全对应的单位与部门。如果要为青少年社会工作找一个归口，则应归口于共青团。但共青团主要以团员的身份来识别，14岁以下的青少年与28岁之后的脱团青年又不在其管理和服务的年龄范围内，因此，在社会工作职业化序列中，共青团、妇联、学校等均是青少年社会工作的主要承载者。

2018年3月，本人接受共青团甘肃省委委托，主笔起草《甘肃省青年中长期发展规划（2018—2025年）》，在其中提出了建设甘肃省青少年事务社会工作专业人才队伍的要求，目标要求“到2020年建成4000人，到2025年建成6000人的青少年事务社会工作专业人才队伍，全面参与基层社区社会工作，重点在青少年成长发展、权益维护、犯罪预防等领域发挥作用”。完成项目之后，本人联合甘肃政法大学、西北师范大学和西北民族大学研究青少年社会工作的专家学者组成新的课题组，继续对甘肃青少年社会工作发展状况展开调研，在收集我省相关理论研究以及青少年社会工作服务案例的基础上，编写了本书。

青少年社会工作服务的目标群体是青少年，但具体做哪些服务工作呢？在调研和实务探索的过程中，我们将青少年社会工作总体上分为三种服务面向：一种是面向青少年的问题，比如一般青少年成长过程中出现的困惑、烦恼、需求等问题，旨在促进青少年的成长发展；二是面向问题青少年，比如未检青少年、社区矫正青少年等，旨在实现青少年犯罪预防等目的；三是面向能够解决问题的青少年，比如对于热情有担当的青少年，组织他们在学习、生活之余积极参与服务社会的志愿活动。实务案例篇中分别按照这三种服务面向进行设置，前五章即面向青少年的问题，第六章到第九章面向问题青少年，第十章则面向解决问题的青少年。

在调研过程中，我们也感受到青少年工作与青少年社会工作之间的区分和各自不同的发展程度。在尚未引入青少年社会工作之前，青少年工作本身已经有了非常丰富和完备的工作体系，要从中分离出哪些是青少年社会工作，哪些不是青少年社会工作，就需要重新确立一个统计口径。社会工作专业人才方面，参照民政部对社会工作专业人才的统计口径，专业社会工作至少具备以下三个条件：一是持证，即通过（助理）社会工作师资格考试；二是专业背景，即社会工作专科、本科、硕士等学历教育毕业；三是培训，即每年完成不少于40学时的社会工作继续教育培训。依此标准，截至2020年初，全省共有社会工作（简称社工）专业人才13274人，其中持证社工3739人。

在社会工作人才中，全省取得社会工作专业本科及以上学历的累计超过7000人，满足社会工作培训学时要求的人员超过6000人。在社会工作机构方面，在全省各级民政部门登记注册的社工机构共110家，其中包括：在省民政厅登记注册的社工机构共22家；登记注册社会工作行业组织5个，分别是市级社工协会2家（天水市和兰州市）、县级社会工作协会1家（甘谷县）、高校专业学术类2个（甘肃省社会学会社会工作专业委员会和甘肃省社会工作教育协会）；其他。基于目前社会工作分科现状，这些社工专业人才和机构尚未明确分化出青少年社会工作的专业人才和专门机构。从青少年工作到青少年社会工作，既是社会分工的再细分，也是专业化程度的再提升，在青少年社会工作尚未明确分化出来之前，对甘肃省青少年社会工作发展状况的调研只能基于目前实际的发展现状。针对这一现状，本书的研究分为两个方面：一是针对甘肃省青少年发展的理论研究，二是选取一些青少年社会工作服务的典型案例进行论证。

在理论研究方面，我们主要面向甘肃青少年总体的描述，这为青少年社会工作的进一步开展界定需求和奠定基础。其中两个总报告主要基于2015年全省人口普查数据库及以下分报告和专题报告的总结，四个分报告分别针对中学生、大学生、农村青年和城市青年展开，数据来自2018年全省青少年发展调研，四个专题报告分别针对婚恋问题、闲暇时间、农村留守儿童校园欺凌问题和未检青少年问题，数据与资料来自课题组成员的专题调研和实务探索。实务案例的选取主要从我省目前青少年社会工作专业服务现状入手。由于社会工作专业服务目前主要以承接政府服务为主，所以选取的十个案例也主要来自各个机构在执行相关项目过程中所开展的青少年社会工作的具体服务。案例比较全面和客观地反映了当前甘肃省青少年社会工作的实务概况。

青少年是国家和民族的未来，服务青少年成长成才，就是服务于国家和民族的未来发展。通过对甘肃省青少年社会工作理论研究和实务案例两个方面的呈现，可以看出，虽然甘肃青少年有着庞大而多元的服务需求，但不论在理论研究还是实务探索方面，甘肃青少年社会工作才刚刚起步，在全国范围内依然处于星星之火的发展阶段。我们有理由相信，伴随着这些星星之火的燃起，甘肃青少年社会工作必然会形成服务甘肃青少年群体的燎原之势，我们愿意做一支火柴，来点燃这一令人振奋的火苗。

需要我们做的还有很多，我们已经在路上。

第一章
甘肃青少年发展状况总报告[①]

第一节
甘肃青少年发展调研的方案设计与执行

此次调研由甘肃政法大学任文启教授团队组成8个专项调查小组，分赴甘肃省各市州开展调研，调研分为两个部分：第一部分为既有统计数据分析，基于全省2015年1%人口普查数据，参照甘肃省各厅局近年来所公布的统计数据为基础进行统计资料分析，主要用于判断甘肃青少年的结构性特征，其结果呈现在总报告当中，作为甘肃青少年发展状况的基础分析资料和甘肃省青少年社会工作的总体需求进行调研；第二部分为实证调研部分，制作调查问卷，组成专项调研组，前往甘肃各地州市搜集数据，其结果呈现在分报告、专题报告中，为特定青少年群体的政策制定、服务开展提供基础依据。

一、调查总体与对象划分

“甘肃省青少年发展调研”的目标总体是甘肃省全体6～35岁的青少年。对总体的研究主要基于甘肃省2015年全省人口普查数据，截取6～35岁年龄群体的部分数据进行分析。在分报告中主要对甘肃省14～35岁的

①本章由甘肃政法大学任文启教授撰写。

青年展开调研，在甘肃省14个地市中，根据人口数量、地域划分、经济差别、民族差别选取较有代表性的6个城市，即临夏回族自治州、庆阳市、兰州市、武威市、白银市、陇南市。基于抽样的便利以及政策制定和执行时的群体划分，将调查对象大致划分为四类：中学生、大学生、农村青年和城市青年。

二、概念操作化

本书对青少年的年龄界定以“6～35岁”的标准为依据，涵盖6～14岁的少年和15～35岁的青年，但是考虑到6～14岁的调查对象在调查问卷适用上的缺陷，“甘肃省青少年发展调研”只针对15～35岁的调查对象（本书称为青年）发放问卷，围绕青年发展展开研究，对“青年发展”的操作化定义重点从青年生理、心理、社会发展三个方面入手，具体到青年的生理心理健康、青年教育、青年就业、青年恋爱婚姻家庭、青年价值观以及青年特有文化等六个方面进行问卷设计。调查问卷分别从被测对象的基本情况（包含性别、年龄、文化水平、职业、婚姻史等）、身心健康状况（生活水平、身体状况、运动作息、心理压力、幸福感等）、社会发展情况（学习意识、消费观、法律道德意识、就业观、群体交往观等）进行量化，每个方面都设置一个或几个问题进行了解。

三、问卷类型与样本量

本次调查研究采取问卷调查辅以半结构式访谈法（焦点小组）。问卷分纸质问卷与电子问卷，电子问卷通过各市地区下放并回收，纸质问卷及半结构式访谈由各调研小组赴各地市通过团委配合进行。纸质问卷抽样方案选取配额抽样，样本为3000人次。电子问卷调研样本为全省符合要求的青年，此次调研电子问卷发放3万份，基础数据分析主要来源于电子问卷，纸质问卷作为辅助。纸质问卷以及半结构式访谈样本选取为各市地区以中学生、大学生、城市青年、农村青年比例为1：2：2：1进行选取，单个市地区纸质问卷样本总量为500份，访谈样本总量为100人次，全省访谈样本总量为600人次。

四、焦点小组设计

“焦点小组”是由一个经过训练的主持人以一种半结构的形式与一个小组的被调查者交谈。本次调研“焦点小组”是面向总样本中细分出的六类群体，分别以小组座谈法进行调研资料采集，主要信息采集从基本情况、思想政治观念、身心压力、价值观念、社会人际关系等五个方面进行。

五、调研时间与进程

调研总时间为2018年3月20日至5月30日。调研内容整理及出具调研报告时间为2018年4月20日至5月30日。电子问卷调研时间为2018年3月28日至5月15日，纸质问卷随各调研小组赴各市地区进行半结构式访谈时完成，时间为2018年4月1日至5月18日。焦点小组过程主要以录音笔进行记录，随后全部转换整理为实地调研文本进行统一分析。调研结束后，数据处理由调研专项小组使用专业数据处理软件（SPSS）进行分析，调研专项小组通过数据分析对比出具调研报告。

第二节　甘肃青少年发展的结构性特征

在抽样调研的基础上，结合2015年全省进行的1%人口抽样调查资料，参考甘肃省各厅局近年来对外发布的统计数据，经过数据筛查和分析之后，从以下七个方面对甘肃青少年的结构性特征予以描述。

一、年龄结构：年龄结构差距明显，城—镇—村结构性递减

从总体的年龄结构来看，甘肃省各市区不同年龄阶段青少年的结构

性差距明显（见图1-1）。

从青少年人数来看，作为省会城市的兰州，青少年人口基数大，增长也最快，外出求学、就业等原因使大批青少年集聚在兰州市，其中20～24岁年龄段的女性人口明显多于兰州市其他年龄段的女性，也远远超过同年龄段的男性，而嘉峪关市、金昌市、张掖市和甘南藏族自治州则为青少年人口数最少的四个城市，其中嘉峪关市青少年人口数最少，占兰州市青少年人口总数的4%。酒泉市可以清晰看出男性青少年人口数多于女性人口数，人口性别比例较大。从青少年人口不同的年龄层级来看，15～19岁年龄段的男女人口数差距较大，女性人口数少于同龄男性人口数，平凉市、酒泉市和武威市该年龄段女性人口仅为男性人口的一半，其余年龄段男女人口数基本持平。

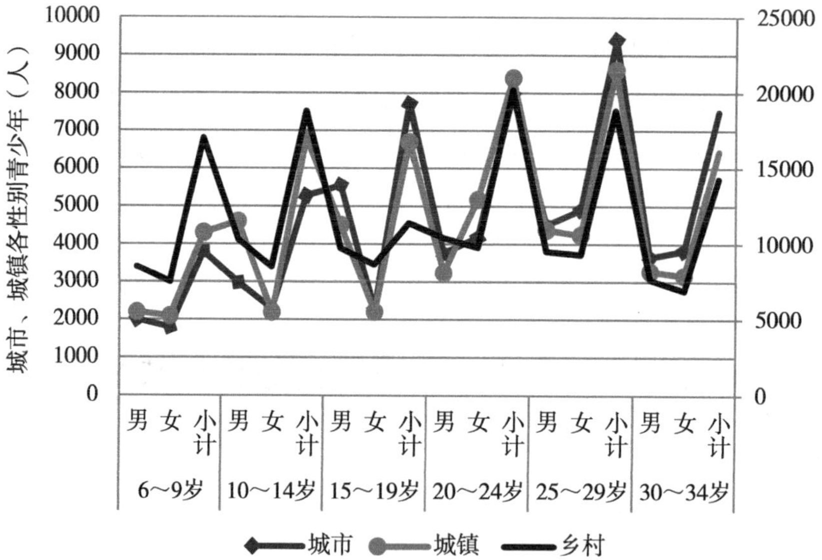

图1-1　甘肃省青少年性别年龄的城乡分布图

以15岁至35岁为例，甘肃省城市、城镇不同年龄段的青少年人口数与乡村青少年人口数差异显著。从青少年户口所在地来看，城市与城镇青少年人口数基本相近，各年龄阶段的青少年人口数差距范围在400～

1200人，乡村各年龄段的青少年人口最多。也就是说，农村户口的青少年人居多，与城市和城镇两地青少年人口数差距在7000～12000人。从不同年龄段青少年人口数来看，城市和城镇两地25～29岁青少年人口最多，而乡村则是20～24岁青少年人口占主体地位，25～29岁青少年人口数次之，且乡村青少年人口主要集中在15～29岁，这个年龄阶段的乡村青少年人口数远远高于同年龄段的城市和城镇两地的青少年人口。城市、城镇和乡村三地：30～34岁年龄段人口数差距不大，而15～29岁市镇两地与乡村青少年人口差异明显，极差范围为10000～12000人。从不同年龄段人口数的变化来看，三地青年人口数在29岁前后变化较大，存在不同程度的人数缩减现象，这与该年龄段青年的身体、生活和工作特征有关，尤其是农村青年，由于家庭和工作的稳定，很多人选择定居在大中城市，户口类型也会随之改变。

二、文化程度：扫盲空间大，高学历比例偏低

将2015年甘肃省1%人口抽样调查数据进行挖掘，可以看到，文盲率达到11%，其中年龄与性别情况分布如表1-1：

表1-1　2015年甘肃省1%人口抽样调查表

年龄	6岁及以上人口			未上过学		
	小计	男	女	小计	男	女
总计	403587	207268	196319	44397	13910	30487
6～9	19357	10317	9040	856	457	399
10～14	25147	13763	11384	163	83	80
15～19	32806	19677	13129	193	79	114
20～24	36562	17416	19146	402	122	280
25～29	36851	18402	18449	690	207	483
30～34	28209	14314	13895	892	269	623

对青少年文盲再进行分析，可以看到，各年龄段总体上除6～9岁男女分布接近之外，其他各年龄段均是女性文盲多于男性文盲。从年龄趋势来看，30岁以下的文盲人数随着年龄下降而下降，如图1-2所示：

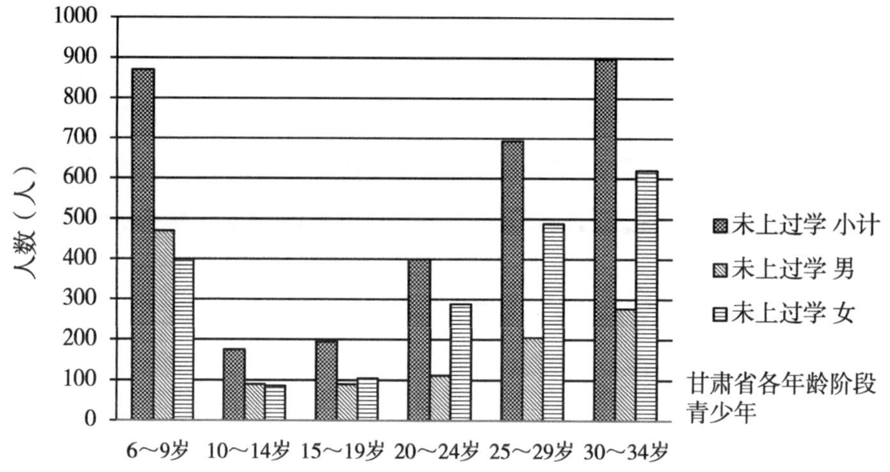

图1-2　甘肃省青少年文盲的年龄与性别构成

对文盲人口的性别和市区之间进行比较就会发现，即便是15岁以上的文盲中，女性文盲人口数也是男性的1倍多（见图1-3）。

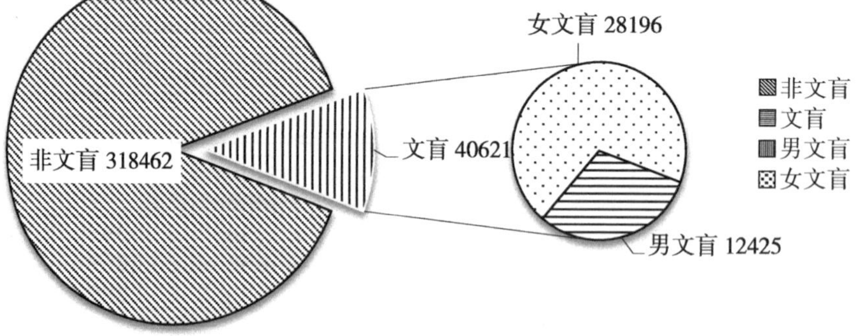

图1-3　甘肃省15岁以上文盲人数

不同市区文盲人口数也存在较大差异。在15岁以上的青年人口中，文盲人数占总青年人口的11.3%，其中女性文盲率为7.9%，男性文盲率为3.4%。女性由于过去教育观念等因素的影响，文化程度较低，是扫盲工作中需要重点关注的对象。在甘肃省不同市区，文盲人口数存在地域性差异：临夏回族自治州、甘南藏族自治州以及陇南市，15岁以上文盲人口占整个青年人口的比重分别为23.87%、21.75%和20.49%，三者总和约为甘肃省青年人口的1/3；平凉市、天水市、定西市、庆阳市和武威市五个地级市，文盲率分别在10%左右，其中平凉市略高一点（14.17%）；剩余的市区中，嘉峪关市文盲率最低（2.21%），金昌市较高（7.69%）。各城市间文盲率不平衡，与各市区所处的地理环境和文化教育氛围有关，不同的城市呈现不同的特点，也存在不同的影响因素，在扫盲工作中应视具体情况而定，采取不同的扫盲措施。

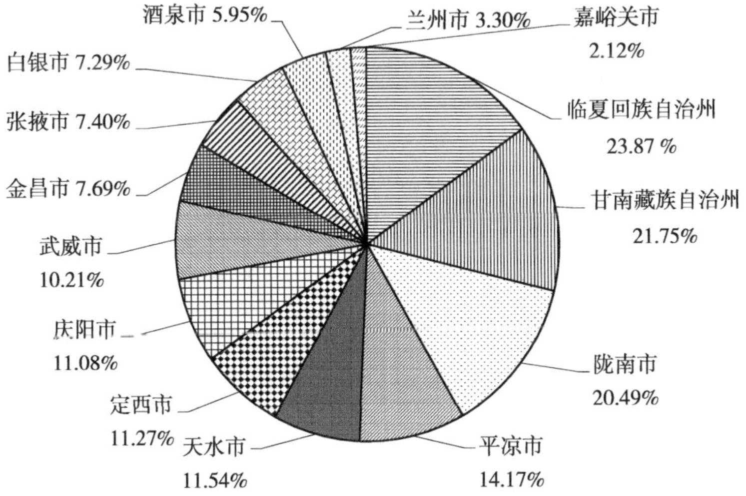

图1-4　甘肃省各地区文盲人口占15岁以上人口比重

考察受教育程度在不同性别之间的分布，如图1-5所示：

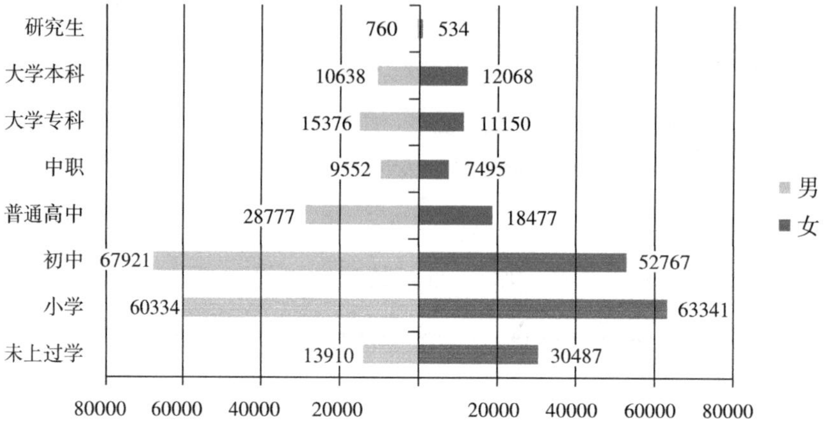

图1-5　甘肃省6岁及以上人口不同性别青年文化程度分布图

可以看出，甘肃省6岁及以上人口中，女性的受教育程度远远低于男性。“未上过学”的女性人数是男性人数的近3倍，除“小学”和“大学本科”文化程度的女性人数略高于男性外，其余文化程度中均为男性青年高于女性青年。这说明甘肃省男性受教育程度高于女性。“小学”和“初中”文化程度的青年男女人数远远超出其他文化程度的人数，这和目前在读学生的人数有关，也反映出甘肃省青年人口整体文化程度不高，“大学本科”和“大学专科”在读及毕业人数较低，也是这一基本实情的印证，尤其是“研究生”文化程度的人数出现下降趋势，男生仅为760人，女生为534人。

在抽查的青少年人口中，大部分学生都能按时完成学业，且学业完成度良好。初中生在校学生最多，学业完成率为82%，肄业率为0.8%，可以看出大部分学生在初中学习期间都能够取得较好的成绩，按时毕业，进入下一阶段的学习；“大学专业”“普通高中”“研究生”的学业完成率分别为78%、75%、66%，肄业率分别为0.1%、0和0.3%，学业完成率较高；在因辍学和其他原因未能完成学业的人数中，初中生同样占大多数，初中生的辍学率为1.7%，远远高于其他阶段学生的辍学率，虽然已经普及了九年义务教育制度，但在初中阶段仍然存在辍学现象，这需要引起重视。

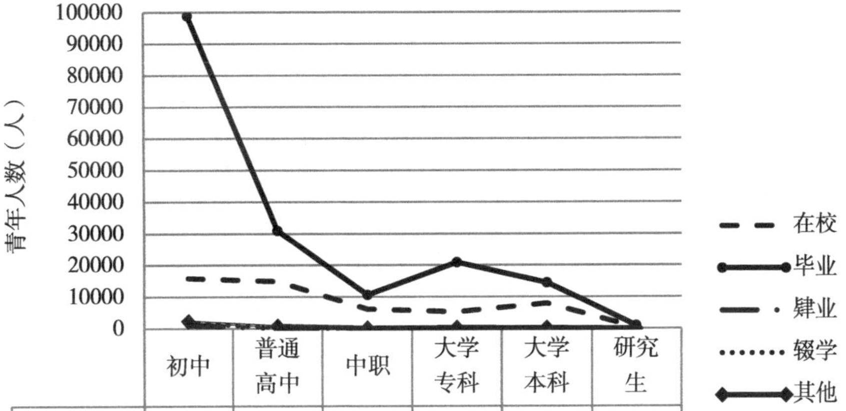

	初中	普通高中	中职	大学专科	大学本科	研究生
在校	15865	14877	6151	5278	7973	310
毕业	98902	31031	10654	20906	14449	973
肄业	996	181	29	30	35	0
辍学	1998	330	18	9	2	0
其他	2308	769	157	251	187	4

图1-6　甘肃省不同文化程度青少年学业完成情况分布图

甘肃省不同地区文盲人口呈现性别差异，不同地级市的城市、城镇和乡村女性文盲人口之间差异显著。从抽查的数据中可以看到，女性文盲数多于男性文盲数，且呈现出显著的差异：嘉峪关市文盲人数最少，15岁以上女性文盲率为3.38%；临夏回族自治州文盲人数最多，女性文盲率为31.91%，女性文盲率与各地区文盲率保持一致。农村的女性文盲率最高，城镇次之，城市最低，文盲发生率与所在地区的经济发展程度有关，经济水平越高的城市，女性受教育的机会就越高，文盲率则越低。同时，城市生活和工作对文化程度要求较高，女性要想保持较高的竞争力，就需要保证自己的高文化水平。城市、城镇和乡村女性文盲率与甘肃省各地区文盲率保持一致。

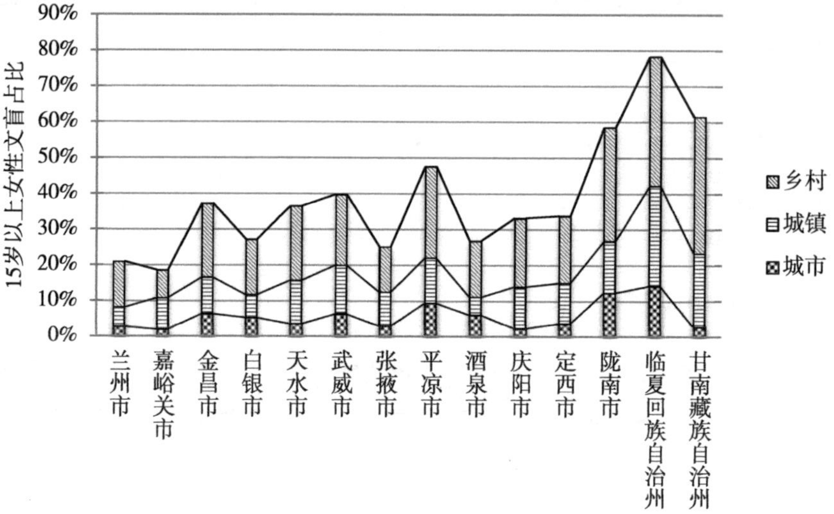

图1-7　甘肃省各地区女性文盲占15岁以上人口比重对比图

三、性别结构：女性人数虽有上升，但农村性别比依然失调

表1-2　2015年甘肃省1%人口抽样调查青少年各年龄段性别比例表

地区	5～9岁		10～14岁		15～19岁		20～24岁		25～29岁		30～34岁	
	男	女	男	女	男	女	男	女	男	女	男	女
全省	12972	11403	13763	11384	19677	13129	17416	19146	18402	18449	14314	13895

由表1-2可以看出，除20～29岁年龄段外，其余各年龄段人口中，男性人数均多于女性。20～24岁女性人口多于男性人口，因为存在人口地域之间的流动，因上学和就业等原因，甘肃省女性人口数有所增加。30～34岁的男女人口数基本保持一致，男女性别比在100至105之间浮动。由于受“重男轻女”观念影响，人们对男女婴孩持不同的态度，近年来虽有所缓解，但在农村地区这一观念的影响依然较为明显。

四、社会流动：青年更加孤独，留守与流动儿童问题同在

“一人户”作为一个统计学口径，是对独居人口的一种统计学描述。虽然“一人户”并不等于单身户概念（因为造成独居的原因多种多样），

但是"一人户"的增多总体可以说明社会的孤独程度。市场研究机构Euromonitor的研究数据显示，近年来全球独居人口大幅度增长，从1996年的1.53亿上涨到2011年的2.77亿，预计到2020年上涨到3.31亿。中国统计年鉴的数据也指出，中国"一人户"占户籍总数的比例已由1982年的8%上涨到2015年的13%。我们用甘肃统计数据中青年群体的"一人户"概念来说明甘肃省各地青年的独居情况。

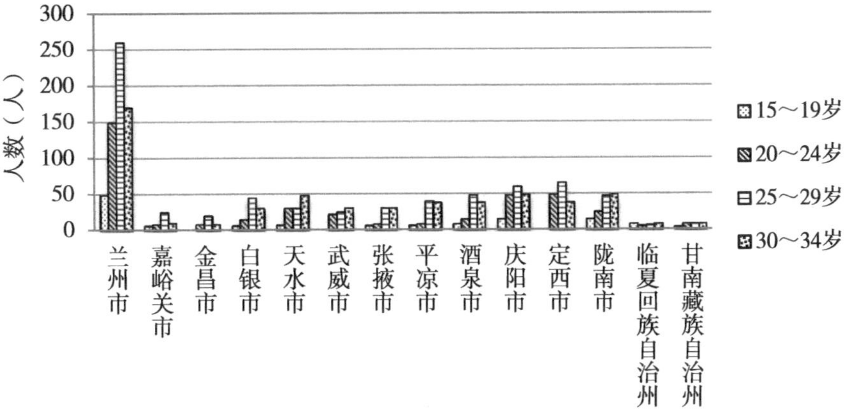

图1-8　甘肃省各地区一人户的年龄分布图

从图1-8中可以看出，在年龄的差异上，甘肃各地区15～34岁一人户中，25～34岁年龄段一人户居多，且普遍以25～29岁一人户居多，15～19岁一人户最少。其中，兰州市一人户最多，年龄差别跨度最大，天水市、武威市与其他市一人户年龄分布情况有明显差异，其一人户主要集中在29～34岁。

在性别差异上，陇南市和定西市性别差异比较大，男性一人户明显高于女性一人户，且相差较大，其他市有一定差异，但普遍表现不明显。

在城市、城镇、乡村等地域差异上，各市城镇一人户数相差不大，相对持平，各市城市一人户只有兰州市和酒泉市明显较高，其中以兰州市居首位，达1784人，其他市相差不大，各市乡村一人户差异较大，且较城市城镇一人户而言，普遍偏高。

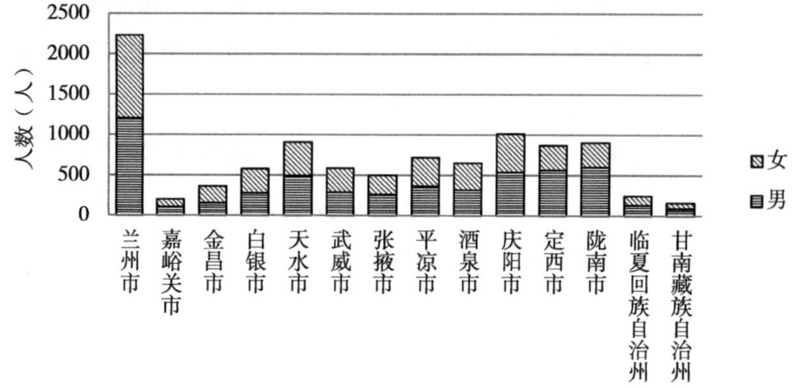

图 1-9　甘肃省各地区一人户的性别分布图

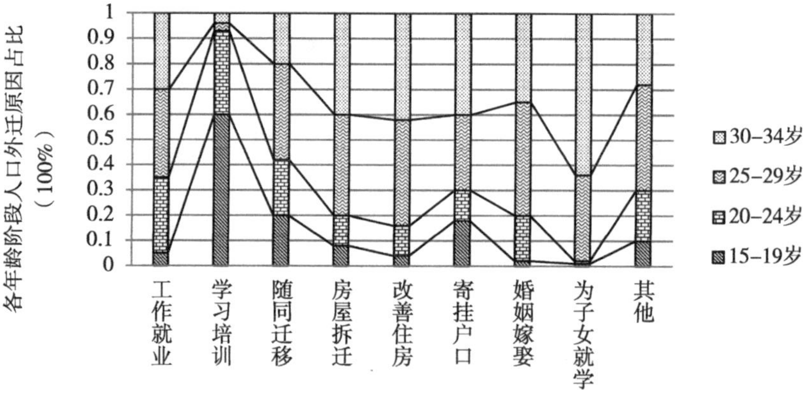

图 1-10　甘肃省户口登记在外乡镇的年龄与迁移原因交叉分布图

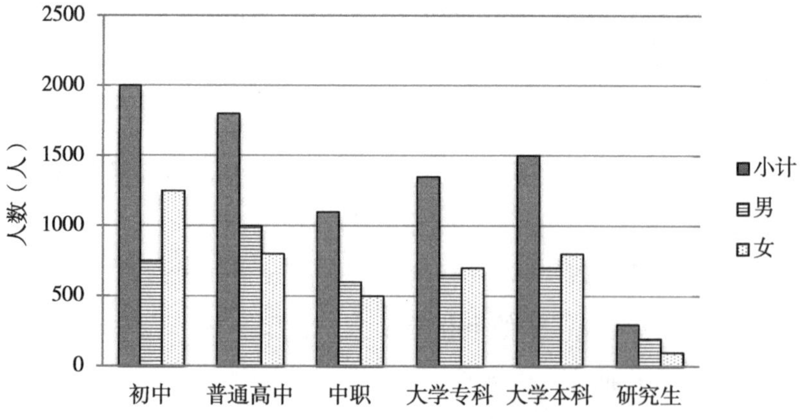

图 1-11　甘肃省省内户口登记在外乡镇人口分布图

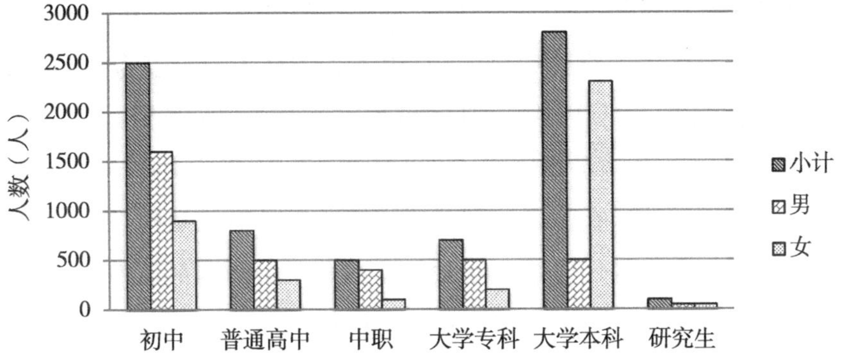

图1-12　甘肃省省外户口登记在外乡镇人口分布图

由上图可以看出，甘肃省户口登记地人口以省内登记人口为主，除此之外，主要由市区内人户分离和省外登记人口组成。从年龄、迁移原因分析：15～19岁主要是因为学习培训迁移；20～24岁外迁的原因有工作就业、学习培训、随同迁移、寄挂户口及其他原因；25～29岁外迁的原因有工作就业、随同迁移、房屋拆迁、改善住房、婚姻嫁娶；30～34岁以子女就学外迁为主要原因，说明读书、工作是其外迁的重要原因。甘肃省省内户口登记受教育程度中，初中文化男性远远低于女性。普通高中、中职男性高于女性，大学专科和大学本科、研究生男女人数相对持平。除普通高中、中职、研究生文化程度的男性略高于女性外，其余文化程度中均为女性高于男性；初中和高中文化程度男女人数远远超出其他文化程度的人数，这和目前在读学生的人数有关；研究生文化程度的人数出现锐减。外迁到甘肃省省外人口中，除大学本科学历女性远超过男性外，初中、普通高中、中职、大学专科、研究生均为男性高于女性。初中人数明显居多，这说明从外省迁移到甘肃省的人数中，大部分和子女就学有关，也反映出外迁至省内的整体文化程度偏低，尤其是研究生文化程度的人数大幅度减少，再次印证了这一现状。从省内和省外外迁至省内人口数看，除本省的高学历人数有限以外，外省的高学历人群不愿迁居本省。

关于留守儿童与流动儿童，虽然在2015年的人口统计中并未直接涉及，但根据人户分离的统计可以管窥一二。全省市内人户分离合计10474人，省内一市区内人户分离合计42159人，省外人户分离为8947人，并且省内一市区内人户分离的性别比为1.36，其余人户分离男女性别比接近1。这说明男性在省内各市区间流动幅度更大，这些流动在流出地就意味着留守儿童的据守，在流入地则又意味着流动儿童的跟随。从目前调查的总体数据来看，甘肃省留守儿童与流动儿童的问题都较为突出，需要对相关的具体数据进行进一步的调研和分析。

五、青年就业：总体就业层次较低，以重体力粗分工为主

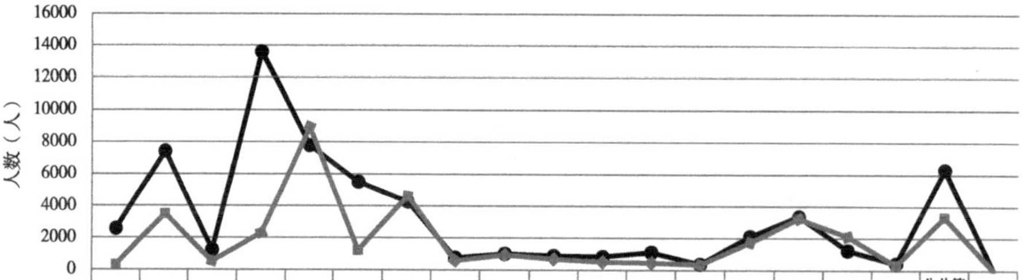

	采矿业	制造业	能源供应业	建筑业	批发零售业	交通运输业	住宿和餐饮业	信息服务业	金融业	房地产业	租赁和商务服务业	科学研究和技术服务业	公共设施管理业	居民服务业	教育	卫生和社会工作	文化、体育和娱乐业	公共管理、社会保障和社会组织	国际组织
男	2561	7415	1240	13604	7782	5508	4265	771	1018	897	844	1120	380	2108	3360	1246	425	6299	0
女	318	3499	535	2301	8940	1227	4617	573	942	676	519	457	353	1724	3231	2116	323	3312	0

图1-13　甘肃省分性别青年行业就业类别分布图

由图1-13可以看到，在众多就业领域中，甘肃省男女青年就业领域和行业不同，呈现性别和年龄差异。从不同性别来看，男性从业领域主要集中在建筑业、制造业等行业，女性从业领域则为批发零售业、住宿餐饮业等自由职业和服务类型的行业。在金融、教育和文化娱乐业等行业，男女就业人数大体相同，可以看出男性就业偏向于科研技术服务领域，女性就业则主要集中在服务、教育等领域，受最初的文理科选择和男女性生理特征等因素影响，不同性别青年在就业中显现出不同的特点。从不同的就业领域来看，在采矿、建筑、批发零售和住宿餐饮等行业的从业人数较多，在科学研究、信息服务和能源供应等技术含量较高的领域则相对较少，工作类型主要向各类服务业靠拢，且呈现生活化和普通

化。从不同年龄段青年从业类型来看，从事“农林牧副渔及相关产业”的人数最多，而从事“党政机关和企事业单位、社会组织”大类的人数最少，这与职业获得和职业进入的标准和难易程度有关，除这两个职业大类外，各年龄青年大多选择成为“社会生产服务和生活服务人员”“生产制造及有关人员”，选择成为“专业技术人员”“办事人员和有关人员”的仍旧很少。受择业观和职业类别的影响，这类现象改变较难。

六、青年婚姻：农村地区早婚与“光棍”问题并存

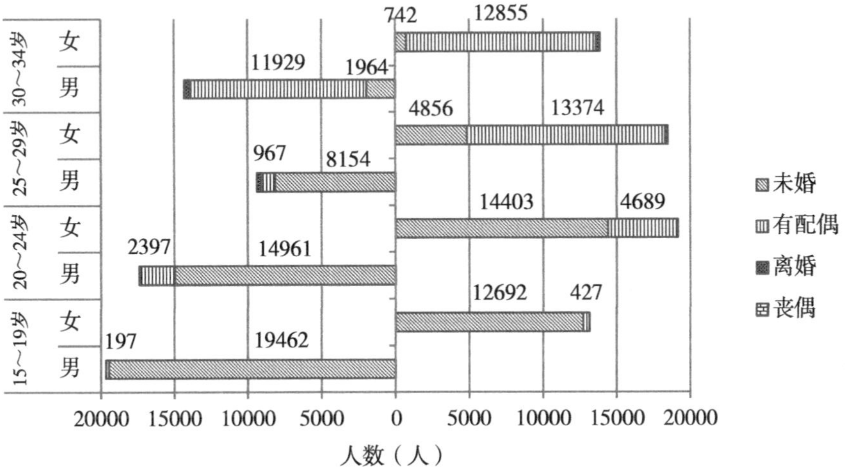

图1-14 甘肃省分年龄、性别婚姻状况

从结婚年龄来看，早婚现象仍然存在。15～19岁的青少年群体共有6240人早婚，占已婚青年人口的1.1%。在农村，这种早婚现象在部分15岁青少年中就已经出现了，在18～19岁年龄段尤其明显，且早婚女性多于男性；随着年龄的增长，已婚青年人口逐渐增多，未婚人口逐渐减少，结婚年龄主要集中在25～34岁，其中30～34岁结婚人口数量最多。

从结婚的性别来看，在各个年龄阶段，女性结婚的人数总是多于男性。在20岁之后，同年龄阶段女性已婚人数远远超过男性；20～24岁，未婚男女人数基本持平；25岁之后，未婚男性人数高于女性；25～29岁，未婚男性是未婚女性人数的1.7倍；30～34岁，未婚男性人数是未婚女性

人数的2.6倍。未婚男女性别比拉大，青年男性成为“光棍”的概率增大。从婚姻的状态来看，青年男女已婚和未婚人口基本符合现实发展状况，随着年龄的增长，结婚人数在逐渐上升，从24岁开始，已婚人数急剧上升，青年人开始考虑婚姻及相关事宜，但随着结婚人数的增多，离婚人数也在逐年增多。

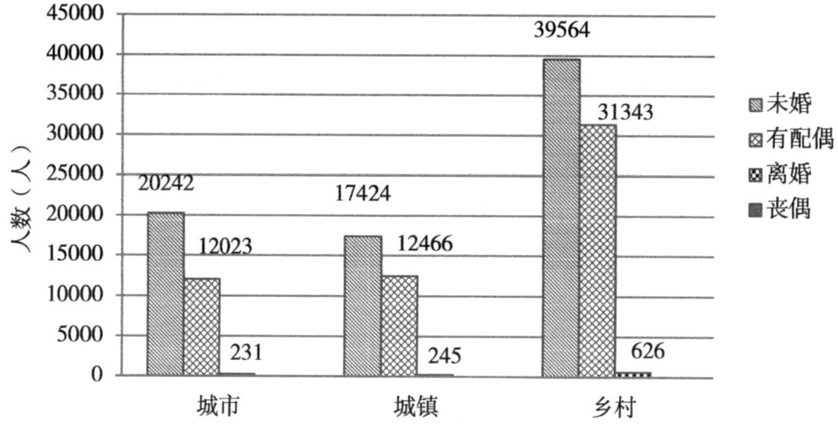

图1-15　甘肃省城市、城镇、乡村青年婚姻状况分布图

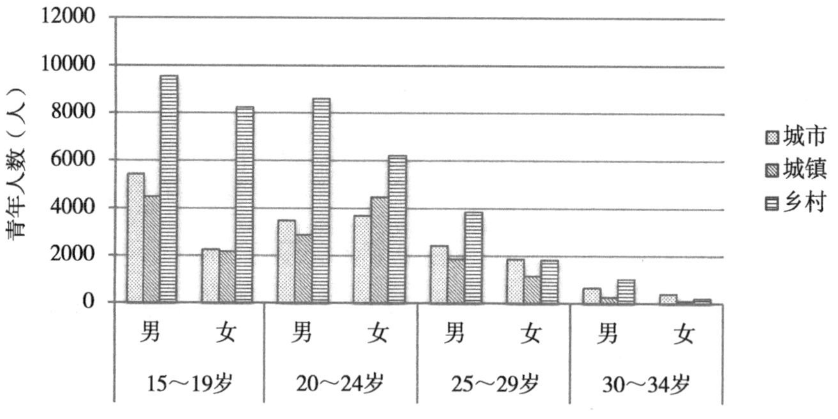

图1-16　甘肃省城市、城镇、乡村青年男女未婚状况分布图

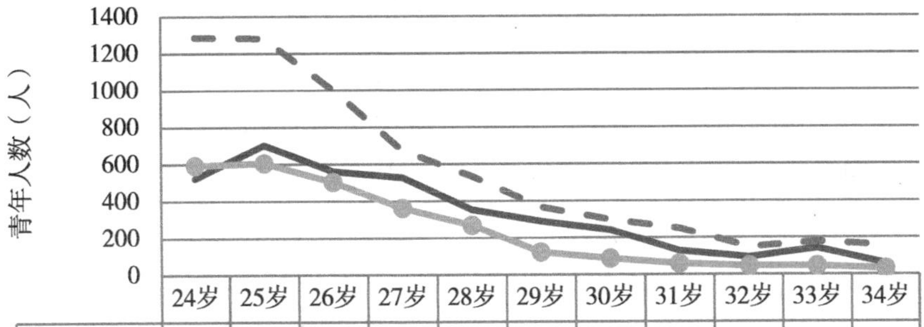

	24岁	25岁	26岁	27岁	28岁	29岁	30岁	31岁	32岁	33岁	34岁
城市	523	703	561	527	353	290	243	128	93	141	58
城镇	594	606	503	362	269	122	87	59	46	46	31
乡村	1287	1281	1004	674	533	367	299	251	148	177	157

图1-17　甘肃省城市、城镇、乡村24～34岁男性青年未婚状况分布图

从上图可以看出，所处地区不同，青年群体的婚姻状态就不同。城市、城镇、农村未婚人口数总体高于已婚人口数，三地的状态基本一致，但农村未婚人口数和已婚人口数又分别高于城市和城镇两地，受地区人口基数和发展状态影响，农村地区青年群体在已婚、未婚和离婚三类婚姻状态的人口都远远高于城市和城镇。不同地区、不同年龄段男女未婚人口的状况不同，15～24岁农村地区的男女未婚人口数整体高于其他两地，随着年龄的增长，这类现象依据不同的性别呈现出不同的发展状态。从女性未婚人口数来看，农村地区女性未婚人口数量锐减，尤其在30～34岁女性农村未婚人口数低于城市和城镇，城市和城镇女性存在晚婚和单身未婚现象。城市、城镇和农村未婚男性人数随着年龄的增长逐渐减少，25～30岁未婚人口数量下降最多，农村未婚男性数量最多，人口数量递减最为明显，城市未婚男性数量次之，城镇未婚男性人口数量最少。

七、青年生育：乡村生育意愿更高，主要生育年龄为25～34岁

调查表明，甘肃省城市、城镇、乡村在孩次初生数上，整体而言，乡村占比最大，城市占比最小，且乡村与城市孩次出生数对比十分明显，乡村在城市的2倍以上，城镇则相对较为平均。城市与城镇基本无三孩，

对于一孩与二孩出生数，城镇略超过城市，乡村一孩、二孩、三孩出生数比例相差较大。在出生率上，一孩出生率相差不大；二孩出生率上，乡村最低，城镇最高，乡村、城市、城镇呈等比增长；三孩出生率上，城市、城镇、乡村呈等比增长。城市、城镇、乡村第一孩的出生率分别是 12.95%、15.37%、16.04%；第二孩的出生率分别是 6.9%、9.31%、2.25%；第三孩的出生率分别是0.69%、1.28%、3.95%。数据显示，在不同的空间区域内，人们对生育小孩有不同的看法，在城市和城镇受“二孩”政策的影响要比乡村相对较大。在孩次出生数上，虽然目前已有相关政策，但2015年人口统计时（当时依然是一孩政策），生育二孩与三孩的人群依然在乡村，尤其生三孩的绝大多数人在乡村。由此可见，乡村的生育意愿相比城市和城镇更高。

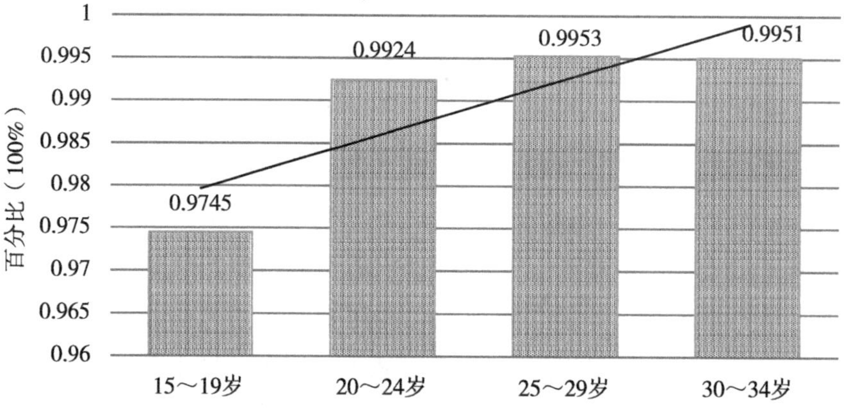

图1-18　甘肃省存活子女数占活产子女数百分比分布图

根据2015年人口普查数据，甘肃省25～50岁的妇女中，同一年龄段的妇女活产子女数与子女存活数所占百分比相同：按年龄和活产子女数分，25～50岁妇女中，年龄越小，其活产子女数越低，活产概率也越低。25～35岁妇女活产子女数较其他年龄段高，25～29岁妇女活产一胎子女数又相对较高，且二胎、三胎中活产情况也较稳定；按年龄和子女存活数分，25～34岁妇女的子女存活率较高，15～34岁妇女存活率最高；从生子存活率与孕妇存活率合并来看，主要生育年龄段为25～34岁。

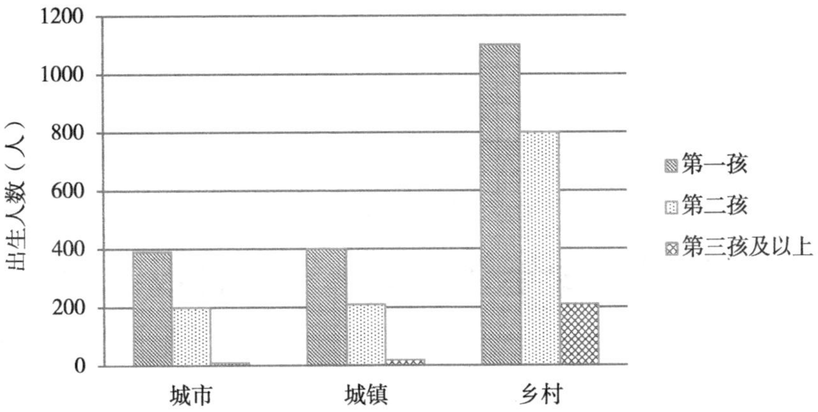

图1-19 甘肃省城市、城镇、乡村孩次出生数分布图

第二章
甘肃青少年社会工作发展总报告[①]

第一节
甘肃青少年群体的主要需求

从人类行为与社会环境的交互影响角度来看，不同群体面临不同的阶段性需求和各自的生命任务，我们将青少年群体中最为突出的需求与问题概括出来，分别是：中小学生首要解决的需求和问题是身心平衡与快乐成长；大学生则以适应环境和充分就业为主；农村青年由于身处城乡流动的浪潮之中，主要在外在方面为其营造希望，内在则输入动力，增强其自我发展的意愿和能力；城市青年则要针对性地缓解其环境压力，提供更多发展机会，为其提供提升能力的平台。总体而言，要在新时代让甘肃青少年拥有更多获得感，需要针对不同群体，按照不同需求，给予发展侧重，个性服务于总体青少年。

一、中学生：身心平衡与快乐成长

从此次调研的总体情况来看，甘肃中学生整体状况较好，他们朝气蓬勃，充满活力。中学生身体的外形和生理的构造较儿童期有明显的变化，心理发展和社会适应能力又明显区别于儿童和成年人。心理系统方面，个体的思维、情绪和自我同一性得到了极大的发展；社会系统方面，

①本章由甘肃政法大学任文启教授撰写。

处于青春期的中学生能积极参与社会交往，能动地接受及内化社会文化、发展自己的社会性，彰显出自己与儿童社会化的极大不同。在独立社会生活前的准备时期，个体将更倾向于面临如下困惑和问题：营养过剩致使身体快速发育，总体抗逆力较差；性成熟之后，不成熟的性态度将可能带来负面影响；网络普及后对网络的无限制使用可能导致网络成瘾，影响学习和成长；学习、家庭、自我认知使得心理压力较大，需要缓解与疏导；理想定位较高与自身认知低导致偏差问题等。这些问题以及预防和矫治工作都是值得社会积极关注的。

具体而言，中学生存在如下突出问题：一是身体健康问题突出，偏胖或偏瘦较多，体育运动不受重视；二是心理健康问题普遍、学习与自我发展方面压力巨大；三是社会交往不足，很多学生往往奔波于家庭—学校—兴趣班之间；四是有特长，课外兴趣班填满课余时间，闲暇不足；五是家长干涉较多，缺乏独立自主意识；六是考大学意愿强烈，但对未来的理想普遍笼统且较为同质；七是政治意识和价值观养成方面主要依靠外在灌输和压力，内化不足。

二、大学生：适应环境与充分就业

大学生较为突出的问题有三个：首先是大学的适应问题。大学与高中的学习过程最大的不同之处是对学习的自主性要求，很多学生在进入大学后较难适应大学学习与生活。许多学生在经历过紧张的高考之后，有一种放松和宣泄的心理需求，而大学宽松的教学和管理方式也使被“管教”惯了的大一新生感到无所适从，许多学生因为在大学第一年没有完成角色转换而使整个大学四年都在迷茫中度过，虚度光阴、迷茫、浮躁是这部分学生的状况。他们进入大学之后，在学习方面缺乏明确的目标，缺乏批判性思维，或者过度参与社团活动等丰富的休闲娱乐活动，完全不同于高中时期将大部分时间都用于学习的状态，这使得他们不知如何合理分配和安排学习、工作、生活的时间，从而严重影响专业学习效果。

其次是大学生的心理问题。大学生群体中心理方面的困扰和问题比较常见，在学生访谈、焦点小组和团干部的访谈中都谈到了这一点。大学生群体心理方面问题的原因呈现多样化，有来自学业不适应方面的压力，缺乏人际沟通和人际交往能力导致的宿舍同学关系紧张，还有面对当下和未来的诸多选择，缺乏明确目标，不知如何抉择带来的困扰等。高校相关部门重视心理健康方面的工作，各学校都有心理咨询中心的设置，但很多学生反馈他们仍然不太了解心理咨询，当需要帮助时不知道如何去寻求帮助。

最后是就业问题。这是当前大学生面临的严峻且现实的问题，大多数学生缺乏个人职业生涯规划的观念，缺乏就业角度的自我认知和自我了解，缺乏对职业和就业市场的了解，往往到了大三、大四才开始关注毕业去向的问题。有些同学在考研与就业的选择之间徘徊不定，导致他们既不能静下心来踏实复习考研，也不能全身心投入找工作和面试。调研发现，甘肃省大学生普遍缺乏创业意识，缺乏资金、缺乏经验、缺乏指导、创业风险等问题使得大多数学生在就业选择时放弃创业。高校开设的职业生涯规划课程大多以讲授方式进行，授课教师多由辅导员或相关专业教师担任，而非专业职业生涯规划师担任，他们只能在课堂上讲授关于职业生涯规划的普遍性知识，无法根据学生个体特征进行有针对性的指导，尤其是无法为创业的学生提供专业有效的支持。

总体而言，大学生群体还存在如下问题：对未来迷茫，对当下模糊；一方面压力巨大，另一方面感觉自己虚度时光；空泛的思想意识，缺乏参与机会，所以不关心时事；欠缺独立自主能力以及与他人协调协作能力；缺乏社交能力；受消极亚文化影响较多；有具体的职业理想但无明确的人生规划。这些问题都需要提供针对性的支持和帮助。

三、农村青年：营造希望与改善动力

甘肃农村青年正处在从传统农民向现代农民转变的过程，总体特征为：文化程度有了很大提高，但总体受教育程度仍然偏低；渴望获得更多知识，但自主学习的能力不足，功利主义学习心态较重；在就业市场缺乏竞争力，注重学习实用技术，希望得到职业技能培训，对于付费学习以提升自身能力缺乏认知；就业观念比较保守，视野不够开阔，不愿意留村务农，愿意外出务工；追求稳定以及多流动在家乡附近，走出去打拼的自信心不足，由于没有能力扎根城市，大多计划未来返乡；能够理性消费，勤俭持家；有一定的创业热情和创业意愿，吃苦耐劳，踏实务实，但缺乏与之相匹配的工作能力；进取精神还不够，对市场经济不熟悉，对现代金融工具陌生，在技术、信息、政策方面的了解均有欠缺；早婚，受传统“从夫居”影响依然较大，男方彩礼负担重；隔代抚养问题普遍存在，留守儿童成长发展需求较大；社会交往面狭窄，交往方式单一且浅层次，业余生活方式单一，主要以玩手机、睡觉、吃喝为主；社会关系支持网络限于血缘家庭，很少参与社会交往；对社会公共事务有一定关注但热情不够，参与度不高，有被动参与志愿服务热情，但缺乏机会；等等。

农村青年的发展需要与目前的精准扶贫、乡村振兴、城乡一体化建设等政策结合起来，要营造出总体有利于农村青年成长发展的环境，着力提升农村青年应对环境的能力与改善自身状况的动力。

四、城市青年：提供机会与充能发展

甘肃城市青年相对农村青年而言有很多相似之处，也有一些异质性。在教育方面，他们对学历教育普遍较为向往，也认为能力比学历更重要，需要一些技能培训，但认为机会不多，时间紧张而无从选择。在生活和生育观念方面，城市房价高，居住空间紧张，购房压力大，总体晚婚晚育，生活经济压力大，并且遭遇多方面的生活压力（从婚嫁生育到养老教育再到个人发展），有很多城市青年坦言，自己过早步入中年困境。在理财方面，理财观念较为保守，以储蓄为主，有一部分人使用电子理财产品。在社会交往方面，社交单一且浅层，有孤独感的人较为普遍。在政治方面，对国际、国家层面的事务有关注，但更多关注民生问题。在

生活方面，闲暇时间碎片化，渴望有高质量的文化生活，但主要休闲方式是玩手机、吃喝、睡觉，有参与社会服务和志愿服务的意愿，但不愿意主动发起，认为缺少社会氛围和很好的机会。在就业方面，就业观念仍较为保守，就业意愿主要以尽力考取本地体制内稳定工作为主，其次选择进入小型私企从业，辅之以自主创业，但又认为创业存在巨大难度和风险，缺乏足够的信心和能力。

城市青年的发展趋于保守于外在机会和内在能力的双重不足，这就需要为其提供更多成长成才的发展机会，引领城市青年信任社会，勇于打拼和争取更好的发展机会。

总体而言，青年思想教育的时代性、时效性有待增强，用中国特色社会主义思想引领青年，用中国梦和社会主义核心价值观凝聚共识、汇聚力量的任务尤为紧迫；青年体质健康水平亟待提高，部分青年心理健康问题日益凸显；青年社会教育和实践教育需要加强，提高教育质量的任务十分艰巨；青年就业的结构性矛盾比较突出，影响就业公平的障碍有待进一步破除；青年创业创新的热情有待进一步激发，鼓励青年创业创新的政策和社会环境需要不断优化；人口结构的新特点、新变化使得青年一代的工作和生活压力不断增大，在婚恋、住房、社会保障等方面需要获得更多关心和帮助；统筹协调青年发展工作的体制机制还不完善，各方面共同推进青年发展的合力有待进一步形成。

第二节
甘肃青少年社会工作的短板与发展面向

对社会工作而言，需求的确定意味着服务方向及内容的确定，但目前这些需求仅作为一种研究和测量的结果呈现，尚未作为青少年社会工作的实践起点。究其原因，在于甘肃青少年社会工作所面临的短板，在直面短板的基础上，我们更需要做出其发展面向上的倡导。

一、甘肃青少年社会工作面临的短板

（一）经济下行压力增大，基础不足是第一短板

经济基础决定上层建筑，甘肃省是经济欠发达省份，从全国范围内来看，发达省份所进行的针对青少年成长成才方面的举措，首先需要做到财政预算和经费保障。目前的问题是，省级财政在解决这些问题时，将其他更为紧迫的问题排在前列，在中央财政转移支付为主的前提下，省级财政依然是“吃饭财政”为主。总体而言，很多创新的做法之所以无法在甘肃省落地生根，并不是不理解问题的紧迫性和创新的重要性，而是条件不具备导致无法实现。

（二）发展不平衡不充分

调研过程中，明显发现两个层面的不平衡：一是东部沿海地区省份与甘肃省发展的不平衡；二是在甘肃省内，各地区之间发展的不平衡不充分。与此相对应的是，甘肃省在关于青少年成长成才方面的政策制定主要按照中央要求进行同步跟进，对甘肃省与其他省份及甘肃省内部发展不平衡不充分问题的总体研判略显不足。同时，甘肃省各相关部门涉及青年方面政策的整合力度不够，存在部门化、条块化的情况，这就需要加大整合力度，促进青少年成长成才方面的政策优化升级。

（三）价值观与信仰引导存在改善空间

党的十八大以来提出“国家治理体系和治理能力的现代化”，十九大进一步提出“多元共治”的社区治理体系，推进治理理念的转变。针对青少年而言，要实现从社会管理向社会治理转变，就要充分调动青少年的积极性、主动性、创造力和创新力，从管控向服务转变，补青年之所短，急青年之所急，帮青年之所需，利青年之所为。目前，对大学生、城市青年、农村青年在价值观和精神信仰引领方面还存在很大的提升与改善空间。

二、甘肃青少年社会工作的发展面向

（一）面向青少年社会工作研究与实务的拓展

从目前甘肃青少年社会工作的发展现状来看，不论是理论研究还是实务探索，均处在起步阶段。很多理论研究尚停留在总体的、宏观的、建构论的基础之上，具有针对性、特定群体、个别化的研究依然较少，或者仅存在于学者的个人研究兴趣或部门工作的需求之中，只有将理论研究拓展至整个甘肃青少年社会工作的知识共享平台上来，才能为下一步的理论思考、政策导向和实务对策产生有益的智力支持。在实务探索上，目前现有的青少年社会工作服务大多停留在“面向青少年的问题”方面，而在本报告中所列出的三个服务面向上，“面向问题的青少年”由于大多与少年司法、青少年保护等更加专门的领域和专业的方向相关而很少有机构涉足；“面向解决问题的青少年”则往往将其理解为对志愿者和义工的动员与使用，未将其作为青少年社会工作中很重要的一个方面，因此没有单独开列和发展。然而，从社会稳定的角度来看，“面向问题的青少年”更加迫切，从社会工作专业力量推进社会参与的角度来看，“面向解决问题的青少年”则更有现实意义，这些方面均需要在此后的青少年实务中予以重点关注。

（二）面向青少年社会工作专业力量的培育

十八大以来，党和国家的各项事业都要求与治理的现代化相匹配，比较显著的转变就是从传统的工作力量转向专业工作力量。就青少年工作而言，不仅要依靠共青团作为枢纽组织来动员社会力量参与青年服务，还要将其上升到党和政府总体战略的层面，同时要走出依靠专业力量推动青年事务发展的态势。所谓专业力量，就是熟知青少年发展成才的需求、环境、政策、形势，具备专业服务理念、服务技能的社会工作人才队伍。就甘肃省而言，目前青年社会工作专业人才队伍建设较为滞后，与国家提出的总体方略和建设进度还有一定距离。这就需要以发展专业的青年社会工作人才队伍为抓手，着力推进青年事务社会工作的发展，以此带动青少年工作点的突破，进而由点及面，促进全省青少年工作的改善与发展。

（三）面向关爱青少年的社会支持体系建设

传统的青少年关爱体系比较条块化，我省在关爱青少年方面表现得较为零散化、碎片化，家庭、学校、社会、政府、公众传媒等方面未形成系统的关爱体系，整合效果较差。随着青少年成长成才方面国家战略需求的提升，我省需要把对青少年关心、关注、关爱提升到全社会范围内，形成全社会对青少年群体的系统支持，推动青少年社会工作社会支持体系的建成和完善。

第三章
甘肃中学生发展状况分报告[①]

一、群体范围与调查方法

（一）群体范围

本次调查的中学生是指接受中等教育的学生，所处的年级为初中一年级至高中三年级，年龄一般为12～18岁。

（二）调查方法

本次调查主要采用发放调查问卷、深度访谈和焦点小组相结合的收集资料方法。综合考虑全省地理格局、各地人口规模、经济发展水平、人口流动性等因素，选取了14个地区作为本次数据采集的地点。调查问卷通过发放采用网络电子问卷和纸质问卷两个途径进行。纸质版采用等距抽样和配额抽样方法共发放调查问卷500份，有效问卷490份。电子问卷收到9750份，有效问卷9750份。

深度访谈主要在每个调研地点访问至少3名中学生，展开结构式、半结构式访谈，进行深入、广泛畅谈，每次访谈时间不少于2个小时。焦点小组由具体负责人主持会议，采用开放式自由发言方式。每个调研点至少召开3场焦点小组会议，每个焦点小组不少于15人。

①本章由甘肃政法大学缪自锋副教授撰写。

二、中学生群体主要特点及发展现状

在所有被调查的中学生中，男性占44.51%，女性占55.49%。甘肃非农户籍占26.58%，甘肃农业户籍占71.38%，外省户籍占2.04%。在所有学生中，汉族占90.08%，回族占5.17%，藏族占2.88%，其他民族占1.87%。被调查者父亲的受教育水平大多数在高中学历以下。

具体来说，甘肃中学生群体主要特点及发展现状有以下几点：

（一）身体健康状况总体较好

对身体健康状况的自我评价中，认为自己“非常健康”的占25.58%，“比较健康”的占48.44%，身体状况“一般”的占23.40%，“不健康”的占2.03%，“非常不健康”的占0.55%。总体来讲，中学生身体状况普遍较好，但也有一部分青少年需要加强体育锻炼，努力提高身体素质。

在对中学生自身状态的描述中，有50.51%“眼睛近视”，30.85%“睡眠质量差”，30.71%“身体偏胖或偏瘦”，22.9%“肤色暗沉”，18.67%“抵御风寒能力弱”，17.47%“无精打采”，17.35%“发质毛躁”，14.58%“处事消极”，16.67%“反应迟钝”，17.15%“以上都没有”。从以上数据可以看出，目前我省中学生身体健康状况存在一定的问题，需重视并保护眼睛，培养良好作息，均衡饮食，注重营养，同时要加强锻炼，促进身心健康发展。

运动类型单一、缺乏多样性是甘肃省中学生身体状况欠佳的重要影响因素。在中学生运动类型中，“跑步”占49.59%，“球类运动”占24.88%，“户外骑行”占8.96%，“登山”占5.81%，“健身塑形”占2.34%，“游泳”占1.66%，“其他运动类型”占6.76%。目前，中学生学习压力大、学习时间长，学校和家长留给学生参与体育运动的时间少之又少，加之运动类型单一，运动量严重不足，这些都影响了中学生的身体健康发展。

（二）创造性思维迅速发展

思维是智力的核心，思维力的发展能够促进观察力、记忆力、联想力和想象力的同步发展，使整个智力水平得到飞跃式的提高。

身体的迅速发育，特别是脑和神经系统的结构与机能的迅速发展，为心理的迅速发展提供了必要的生理基础。中学生智力发展速度较之小学阶段突飞猛进，具体表现为喜欢独立思考、寻根究底和质疑争辩，他们的思维已日趋成熟。关于目前自己状况的描述，在“我喜欢尝试新的事物”中，有23.13%的学生认为“非常符合”，有41.71%认为“比较符合”，“一般符合”占32.09%，“不太符合”占2.52%，“很不符合”占0.55%。结合深度访谈和焦点小组的数据可以看出，大多数学生对外部世界充满好奇，能够积极探索外部世界。

从初中阶段起，创造性思维获得迅速发展并成为青少年思维的一个重要特点。青少年抽象逻辑思维的发展有一个过程：在少年期的思维中，抽象逻辑思维虽然开始占优势，但是在很大程度上还属于经验型，他们的抽象逻辑思维需要感性经验的直接支持。青年初期的抽象逻辑思维则属于理论型，他们已经能够用理论做指导来综合分析各种事实材料，从而不断扩大自己的知识领域。在青年初期的思维过程中，既包括从特殊到一般的归纳过程，也包括从一般到特殊的演绎过程，也就是从具体提升到理论，又用理论指导去获得知识的过程。从中我们可以看出，青少年思维的过渡性，即处于由经验型向理论型的转化，抽象与具体逐步实现统一，抽象逻辑思维获得快速发展的阶段。

（三）能控制情绪并进行反思与改正

初中阶段的学生，正处在身体发育的第二高峰期。他们大脑发育在重量上增长虽然不很明显，但是大脑的沟回在加深，皮层的机能趋于成熟，兴奋和抑制功能逐渐平衡。

在“我能够理性地解决生活中的困难”中，有20.77%的学生认为“非常符合”，有42.98%认为“比较符合”，“一般符合”占31.42%，“不太符合”占3.98%，“很不符合”占0.85%。在“我会经常反思自己的行为，并不断改正”中，有18.96%的学生认为“非常符合”，有40.93%认为“比较符合”，“一般符合”占33.41%，“不太符合”占5.49%，“很不符合”占1.21%。

（四）初步形成世界观与自我认知

随着身体的发育和智力的发展，中学生的个性逐步形成。个性心理包括动机、兴趣、理想、信念、世界观等个性意识倾向和能力、气质、性格等个性心理特征。其中，世界观是个性意识倾向性的集中表现，反映了人对世界的根本看法，影响着人的整体精神面貌。中学阶段是人的世界观由萌芽到初步形成的时期。一般说来，世界观萌芽于小学、初中衔接时期，初步形成于高中时期。当然，此时的世界观还不成熟、不稳定，具有很大的可塑性。与此同时，青少年已进入“心理断乳期”，力图摆脱成人的关照和约束，独立支配自己，出现“闭锁性”，即除了知心朋友以外，一般不让别人了解自己的内心世界。

在“我能够客观公正地看待自己的优缺点”中，有20.1%的学生认为“非常符合”，有42.96%认为“比较符合”，“一般符合”占32.31%，“不太符合”占3.84%，“很不符合”占0.79%。

在自我评价方面，初中生开始由注重外部表现和行为结果的具体评价阶段，向以抽象概括为主的抽象评价阶段发展，他们已经能够把一些社会准则、道德规范纳入自我评价之中。但是，此时的他们也非常注重同伴的看法和评价，自我评价的独立性发展相对比较缓慢。

在学习心理方面，初中生的观察、记忆、逻辑思维等能力进一步发展，他们能够在观察中注意到事物的细微变化，能够较长时间专注于一件事物，具备了一定的逻辑推理能力和抽象地表达事物本质特征的能力。

（五）学习、家庭和自我发展方面心理压力较大

心理压力是个体在生活适应过程中的一种身心紧张状态，源于环境要求与自身应对能力不平衡，这种紧张状态倾向于通过非特意的心理和生理反应表现出来。从目前来说，中学生的压力主要来源于学习和自我发展方面，其次是师生关系、同学关系、家庭关系等方面。

在调查中发现，甘肃省中学生的压力普遍较大。在“最近一年你感受到的压力程度”的回答中，有16.68%的中学生表示压力“非常大”，

50.21%表示“比较大”，28.22%表示“一般”，只有3.58%认为“比较小”，1.31%认为“没有”。

随着社会的发展，用人单位对人才的要求也越来越严格，他们不但要“术业有专攻”，而且还要有多方面的知识，严峻的就业形势使父母对子女的教育越来越重视，对子女各个方面的要求也越来越高。中学生面对繁重的功课和教师、家长过高的期望时，承受着很大的压力。

在“最近一年你感受到的压力主要来源”的回答中，66.67%的学生认为是“学业压力”，10.21%认为是“家庭方面”，14.33%认为是“自我发展”，6.36%认为是“人际关系”，2.43%选择“其他”。由此可以看出，甘肃省中学生的压力主要来源于学习、家庭和自我发展方面，其中“学习压力”所占比重最大。

在访谈和焦点小组中可以发现，中学生学习压力的来源，主要有以下几个方面：

1. 从学校方面来说，中学生面临着巨大的升学压力，学校普遍追求“重高”升学率，学校的教学工作主要围绕着分数，学生接受的大部分信息也是“分数重于一切”。因而在学业上竞争更大，压力也更大。

据某些同学描述，他们平均每天完成学校的作业在21：30左右，而教师要求做完作业至少要有一个小时的复习时间，再加上课外辅导班或家长购买的练习册，休息时间大约在23点以后，第二天6点就要起床。6个多小时的休息时间对于身体正处于生长发育阶段的青少年来说是远远不够的。尤其是临近中考时，有些学生甚至每天5：30起床背书，这种生活状态给大部分学生造成心理压力，不利于身体健康。

有关课前预习和课后作业方面的调查数据显示，大多数同学课前预习的时间较少，而课后作业占用时间较多。加上正常的校内学习时间和休息时间，自己可自由支配的时间少之又少，这无形中增加了学生的心理压力。

2. 从家庭方面来说，“望子成龙，望女成凤”的说法表明了父母的一种共同的心态，很多家长把自己对未来的希望完全寄托在子女身上，对子女的期望值过高，学生越是想要达到高期望值，心理压力就越大。

3.从教师方面来说，如果教师评价不当，或对学生不够理解、不够真诚，则容易给学生造成心理压力。

4.从同学关系来说，有些中学生在家过惯了衣来伸手、饭来张口的生活，其独立性很差，心理承受能力较弱，一旦在学校遇到挫折，便感到委屈和愤怒，还有很多同学不知如何处理同学之间的矛盾、摩擦，或忌妒、歧视，或误解、猜疑，经常为此深感烦恼。

5.从学生自身方面来说，学习能力的高低决定着心理压力的大小。学习能力较强的中学生相对来说心理压力就小，而学习能力差一点的学生心理压力相对就大一点。

（六）兴趣涉猎科学领域

兴趣是指一个人要求认识某种事物或爱好某种活动的心理倾向，是推动学生学习的内部动力，能够激起学生学习的积极性和主动性。

在“对科学知识感兴趣的程度”的调查中，53.97%的中学生选择“感兴趣”，10.05%选择“不感兴趣”，35.98%选择“说不上来”。

从宏观方面来说，公民的科学素养是关系国家发展的一个重要因素，决定着国家科技发展的后劲和可持续发展的能力。从微观方面来说，科学素养是公民个体素质的一个重要组成部分，是公民今后从事科学技术活动的内在品质与潜在能力。

（七）学习动机明确

学习动机是学生学习活动的主观意图，是推动学生努力学习的内在力量，也是学生提高学习效果的重要因素。学习动机是多成分、系统化的，依据不同的标准，有着不同的分类方式。我们可以按照诱因产生的来源，将学习动机分为内部动机和外部动机。内部动机是指诱因来自学习活动本身，学生对学习活动本身产生兴趣。外部动机是指诱因来自家长、教师等学习之外的作用。

在甘肃省中学生学习动机的调查中，“未来能过上理想的生活”排在第一位（占29.97%），其后依次是“自己喜欢”（27.68%）、“提高自身素质”（17.25%）、“实现自己的抱负”（14.98%）、“满足他人的期待”（7.36%）、“获得同龄群体的尊重”（2.76%）。从数据可以看出，甘肃省中学生学习动机明确，且主要来自于内部动机。现代教学理论倡导培养学生在学习过程中的主体意识，提倡让学生自觉、主动地参与教学和其他教育活动，自主地发现问题、解决问题、探究知识。主体意识的形成，无疑是学生自主学习的动力，推动学生积极主动地学习。

（八）课外活动丰富

课外活动是培养全面发展人才的不可缺少的途径，是课堂教学的必要补充，是丰富学生精神生活的重要组成部分。受教育者可以把在课堂上获得的知识运用于实际，从而加深对知识的理解。将已获知识进行实际操作，能够不断地发现新的知识，掌握新的技能。内容丰富多彩、形式多种多样的课外活动，还可以激发受教育者的学习动机，推动受教育者不断地去探求知识、刻苦学习，并且能够培养和发展受教育者的创造才能以及手脑并用的能力。甘肃省中学生课外活动丰富，他们能有效利用课外时间，不断丰富自己的精神生活。

课外活动对中学生的身心发展具有重要意义。首先，促进中学生全面发展及其社会化。由于课外活动强调学生自主参与、自愿组合，目的是充分发挥学生的个性，所以在活动过程中，学生的主体作用得到充分发挥，才能得到施展，独立性、责任心、参与意识等也得到进一步发展。有人认为，“交往和社交策略可以通过参与课外活动而获得”，校内外活动为学生提供了一个理想的环境，学生在课外活动中渐渐习得一些成人社会的良好行为。同时，学生还要解决一些与同伴相处的问题，这些都有助于学生从青少年向成人转化。其次，促使学生在社会化过程中个性化。没有个性化，所谓个性的社会化也就失去了现实意义。社会的发展需要各种各样的人才为其服务，在这一点上，个体的社会化与个性化是一致的，课外活动恰好能够在促进个体社会化的过程中最大限度地满足个体在个性化方面的需要。再次，课外活动给学习生活增添了乐趣。一般来说，课外活动是学生自愿参加的，他们没有多少心理负担，有的只是探索的愉悦。另外，相对于课内学习，课外活动内容比较新颖，容易给人以新鲜感，使人身心得到享受。课外活动也能帮助学生学会利用闲暇时间，培养健康的兴趣爱好，丰富其精神生活。最后，课外活动在发挥学生特长方面也有重要作用。通过丰富多彩的课外活动，可以使每个学生都能找到发展自己特长的领域。

（九）学习状态评价与学历定位反差较大

自我认知，是指一个人应该能够正确认识自己，正确评价自己。进入青春期之后，少年男女都更加渴望了解自己，这时的自知对于一个人的心理成长至关重要，他们会因为自我评价与周围的人们对自己的评价出现差距，而造成自己与周围人关系失衡，这将影响青少年健康的心理，不利于个人的心理成长。

甘肃省中学生对自我学习状态的评价不高，认为自己的学习状态“非常好”的只有4%，“比较好”的29%，“一般”的50%，“不好”的14%，“非常不好”的3%。

在“你希望自己获得的最高学历”问题中，7.56%的中学生选择“高中（高职）”，9.39%选择“专科学历”，38.83%选择“本科学历”，20.47%选择“硕士研究生学历”，23.75%选择“博士研究生学历”。可以看出，大多数中学生希望获得本科及以上学历，学生对学历看得较为重要，自我定位较高。

中国当代的中学生是一个承载着社会、家庭高期望值的群体，他们情感负担较重、自我定位较高、成才欲望较强，但同时又面临社会阅历浅、心理发展不成熟的实际心理发展境况，所以常常会因为学业、生活环境压力等出现暂时的心理不适，在自我认知上容易有落差。调查小组认为，这些困扰和冲突会同这代年轻人的价值观交织在一起，伴随他们成长的全过程。

（十）尚未形成成熟的择业观

中学生是建设祖国的后备力量，调查其择业心理，深入分析其升学、择业的心理，了解由此而带来的诸多心理矛盾，并及时有效地调节好中学生的升学、择业心理，对于促进他们的健康成长，顺利度过人生的关键时期，为现代化建设培养大批各行各业的合格人才，具有十分重要的意义。

在问及“目前，你是否有明确的就业目标”时，有55.32%的学生回答“有”，而44.68%认为“没有”。

在理想职业类型的调查中，想成为“公务员”的有14.36%，想成为“事业单位人员”的有22.14%，想成为“企业工作人员”的有20.94%，选择“自由职业”的有20.48%，选择其他的有22.08%。

虽然在问卷调查中有较为明晰的职业意愿的呈现，但在随后的访谈中，则发现中学生对自己未来的职业定位是比较模糊的。每当被问及将来想干什么时，很多学生都说不知道或者没想过。普通高中普遍存在的现象是教育单纯以高考为目标，注重学生的学业成绩而忽视了对学生其他方面的培养，在职业生涯方面的指导有所欠缺，从而导致学生对职业缺乏最基本的认识，不知道自己的职业兴趣是什么，更不会去想将来自己的职业发展。

（十一）价值观积极健康

价值观是人们对价值问题的根本看法，包括对价值的实质、构成、标准的认识。人们对这些认识的不同，形成了各自不同的价值观。每个人都在各自的价值观的引导下，形成不同的价值取向，追求着各自认为最有价值的东西。能否树立正确的价值观和科学、合理的价值取向，对一个人的发展是至关重要的。

中学生价值观是中学生对价值和价值关系的理解和追求，是影响中学生决定行为目标、选择行为方式以及解释行为结果意义的核心因素，是现代学校校园文化建设的突破口。

1.大多数人认为，个人努力和个人才能是成功就业的关键。

在关于“成功就业的决定性因素”的调查中，所占比重依次是“个人努力”（64.04%）、“个人才能”（23.17%）、“人际关系”（7.14%）、“家庭背景”（3.51%）和“运气”（2.14%）。

中学生正处于自我意识迅速发展的时期，市场经济的发展和种种基于个人本位的思想观念，既强化了中学生自我奋斗、自我拼搏的意识，又强化了中学生注重个人利益、满足个人欲望的思想，以及追求名利的人生观念。这在客观上促使中学生的价值观念从社会本位向个人本位转移，进而表现出较强的个性和自主性。

2.遵纪守法，对社会越轨行为的认可度低。

日常生活中，我省中学生在“认为法律对自己的重要程度如何”方面，占比依次是“非常重要”（61.56%）、“比较重要”（27.93%）、“一般”（9.11%）、“不重要”（0.80%）和“非常不重要”（0.60%）。可见大多数中学生在实际生活中能遵纪守法。

大多数中学生不认可社会不良行为，例如考试作弊、抽烟喝酒、校园欺凌、横穿马路、自杀行为等；同时，对逃票、偷税逃税、行贿受贿、偷窃财物、家庭暴力等违法违规行为也表现出反感和抵制情绪。

（十二）人际交往更注重同辈群体

青少年时期是个体社会角色的转折期，从这一时期开始，社会不再把他们看作儿童，而是开始把他们当作成人来看待。在中学阶段，日益增长的成人感导致了中学生与父母及其他成人关系的变化。同时，中学生的同伴关系在此时期也发生了一定的变化。

对于青少年来说，家庭关系、师生关系和友谊关系是最重要的三大社会关系。友谊关系的建立是以选择和承诺为基础的，较之家庭关系和师生关系，友谊关系更具平等性。青少年已经开始意识到友谊关系的特征，以及保持友谊关系的决定因素。青少年在争吵的时候，愤怒的成分减少了，他们能够更加合理地解决与朋友、家庭成员之间的冲突。青少年通常会选择与他们相似的同学为友，朋友间的相互影响又使彼此更为相似。同一个朋友圈的青少年，学习态度和学习成绩都较为相似，在同辈群体中也处于相似的地位。

在个体多个发展阶段中，无论是就友谊的强度和重要性程度而言，还是就与朋友共聚的时光而论，青少年时期的友谊更具交互性。对亲密、忠诚和共享的重视，标志着青少年向成人式友谊的过渡。青少年朋友之间亲密程度的加强，不仅反映了其认知的发展，而且也反映了其情绪的发展。在这一时期，青少年更善于表达其思想与情感，也更善于顾及他人感受，因而也更善于理解朋友的思想与情感。青少年向朋友倾诉秘密的过程，是探索其自身情感的过程，是定位其人生坐标的过程，也是确认其自我价值的过程。

发展亲密关系的能力同心理适应能力和社会能力的发展都有很大的关系。一般来说，友谊关系稳定、亲密度和支持性高的青少年，自我概念积极，学习成绩优秀，人际关系良好，往往不会与他人敌对，也少有焦虑感和压抑感。实际上，友谊与适应能力之间是一种相辅相成的关系：良好的友谊促进适应能力的发展，良好的适应能力又反过来推动着良好的友谊关系。

（十三）关心国家大事，政治立场鲜明

中学生是国家的未来，担负着振兴中华的使命，只有了解自己祖国的历史与现在，才能激发使命感与责任感，才能树立崇高的爱国主义思想。一个国家的兴衰荣辱是与这个国家每一个公民连在一起的，个人前途与国家命运密不可分，因而，关心国家大事是每个中学生爱国意识的重要表现，是中学生应该具备的品质。

中学生是国家与社会的建设者，关心国家时事，是其成长与成才的内在需要。做到未入社会而先知天下，可以为中学生将来担负起国家建设重任打下良好的基础。中学生应该时刻跟上时代的步伐，保持与社会的紧密联系，提高和增强自己的社会适应能力。

在“政治不只是大人们的事情，学生也应该参与”中，43.29%的学生“非常认可”，34.33%的学生“比较认可”，16.18%的学生选择“一般”，3.46%的学生选择“不太认可”，2.74%的学生选择“很不认可”。

在“中学生应该多学习政治知识，了解国家大事”中，43.52%的学生“非常认可”，36.35%的学生“比较认可”，17.67%的学生选择

"一般"，1.83% 的学生选择"不太认可"，0.63% 的学生选择"很不认可"。

在"中学生应积极参与政治实践，实现政治抱负"中，39.48% 的学生"非常认可"，33.23% 的学生"比较认可"，22.72% 的学生选择"一般"，3.43% 的学生选择"不太认可"，1.14% 的学生选择"很不认可"。

总体看来，80% 以上的中学生认可学习政治知识，了解国家大事，并积极参与政治实践，实现政治抱负。

参与政治生活，需要中学生学习政治知识。学习政治知识，有助于中学生掌握马克思主义的基本观点，提高明辨是非的能力，坚持正确的政治方向；有助于中学生放眼世界，紧扣时代脉搏，开阔面向现代化、面向世界、面向未来的眼界；有助于中学生树立"国家的利益高于一切"的国家观念，关心国家大事，自觉服从和维护国家利益；有助于中学生增强公民意识，树立社会主义民主政治、自由平等、公平正义的观念；有助于中学生提高自身的政治素质，提高参与国家政治生活的能力。

作为当代的中学生，应丰富参与政治生活的方式，进一步了解身边的政治生活，树立公民作为国家主人的责任感，以积极的热情参与政治生活，关心国家大事，增强责任感和使命感。

三、对策与建议

（一）增加体育中考权重，引导学生加强体育锻炼

体育纳入中考后，应试教育的弊端在体育中考中也会有所体现。体育中考只考有限的几门科目，不少学生只练考试的几个项目，同时，体育中考培训机构也应运而生。和文化课有所不同，体育项目数量多，每个学生的身体条件各有差异，擅长的体育运动千差万别，这就要求体育中考在项目设置上更加科学，体现多样化和可选择性，而不是所有考生千篇一律。将体育纳入中考，增加体育在中考中的权重，并不是体育中考的目的，而是"引导学生加强体育锻炼"。因此，需要逐步推进中等教

育考试评价改革，建立健全初中学业水平考试制度，探索提高中考体育的分值权重，进一步推进初中学生综合素质评价。

在课程方面，应科学设置体育课程，引导学生加强体育锻炼，培养良好的体育锻炼习惯。首先，提高认识，转变学生体育锻炼的观念。其次，指导学生科学地进行身体锻炼。最后，培养学生把体育锻炼作为日常生活的一种需要，成为一种习惯。

（二）建立科学合理评价机制，减轻中学生学业压力

谈及如何提高中学生心理健康水平，我们认为，要从根本上解除学生焦虑，提升中学生心理健康水平，就要全面深化教育改革，整体提升教育的水平和质量，扩大优质教育资源，使学生获得均衡的教育条件和发展机会，切实减少学生因为追求优质教育资源带来的过重学业压力。同时，全面推进素质教育，积极推进课程改革，建立合理科学的教育评价机制，合理减轻学生的课业负担，更多地鼓励和理解学生，为中学生创造和提供宽松愉悦的教育和成长环境，这样才能从根本上解决学生的心理压力问题，提高学生心理健康状况，让中学生健康快乐地成长。

（三）构建科学的心理健康教育体系，提升中学生心理健康水平

中学生出现的学习焦虑倾向、自责倾向等心理问题，让我们看到全面推进学生心理教育的重要性，我们需要为中学生设置系统化、系列化的提升学习能力、应对情绪状态、改善人际关系等心理教育内容。中学生的心理健康教育尤其要加强，特别要加强对学生的学习指导，培养学生良好的学习兴趣和习惯，提高学生的学习能力，增强学生的学习效能感。另外，建构和完善预防、预警、干预的心理健康教育“三预”机制，紧密关注初中生群体，在经过筛选、甄别的基础上，对出现严重心理问题的学生进行有效的干预。在心理健康专业师资配置和学校心理健康教育均衡发展上，要加大行政指导和管理力度，提高学校心理健康教育的全面性、有效性、针对性和科学性。

（四）进一步落实中学生职业生涯规划教育工作

在我国的九年义务教育制度中，初中毕业生面临着人生的第一次选

择——普通高中、中等职业学校或就业。由于缺乏职业生涯规划指引，初中生在升学及专业选择上存在着较大的盲目性。初中生缺少职业生涯规划能力方面的指导和教育，他们对社会职业了解不多，对自己也缺乏足够的认识。大部分初中生对于自己的未来走向定位模糊，对将来从事什么工作缺乏清晰的评估。

职业生涯教育实质是面向未来的教育，为的是让学生对未来有明确的目标、浓厚的兴趣和良好的心理准备；让学生在立足现实的基础上，为未来的职业生涯做好准备，打好基础；让学生明确自己的优势是什么，现在该做什么，未来能做什么，注重培养学生的自信心。在初中开设职业生涯课，实施职业生涯教育，既符合初中生身心发展规律，又符合当前初中教育实际，是贯彻科学发展观和引导初中生健康成长的重要措施。

在学校教育中，应将中学生职业生涯规划教育纳入基础教育课程体系，形成一门系统化课程，并在课时、专业教师、专门教材等方面下功夫，确保职业生涯规划教育的顺利实施。

（五）引入学校社会工作服务青少年群体，以专业力量提供全人服务

青少年是国家的未来、民族的希望。党的十八大报告指出：“要坚持教育优先发展，全面贯彻党的教育方针，坚持教育为社会主义现代化建设服务、为人民服务，把立德树人作为教育的根本任务，培养德智体美全面发展的社会主义建设者和接班人。”学校作为对青少年学生进行思想政治教育的主渠道，必须以高度的事业心、责任感切实担负起青少年学生思想政治教育的历史使命。

学校的青少年思想教育工作始终紧密围绕着爱国主义教育和理想信念教育这两大核心，用马克思主义树立学生的共产主义崇高信仰，用中国特色社会主义共同理想凝聚力量，用以爱国主义为核心的民族精神和以改革创新为核心的时代精神培养学生的民族自尊心和自豪感，用社会主义荣辱观和中华民族传统美德引领社会道德风尚，努力培养全面发展的社会主义建设者和接班人。

以上对策，需要从中学生的身体、学业压力、心理健康和思想政治教育综合入手，在目前的中学教育中，本身存在上述内容和要求，但为了进一步提升和强化目标要求，需要从学校社会工作和青少年社会工作结合的角度，以更加专业的方式，在教师与教学工作之外，引入学校社会工作，整合上述目标，以专业社工的方式为中学生提供全人关怀和全人服务。

第四章
甘肃大学生发展状况分报告[①]

一、群体范围与调查方法

（一）群体范围

本次调查的研究对象是1983年以后出生的各类在校本专科生、硕士研究生及博士研究生。根据《2017年甘肃省教育事业发展统计公报》的数据，2017年全省共有普通高等院校44所，其中本科17所、高职（专科）学校27所，另有独立学院5所；普通本专科在校生466185人，研究生在校生34548人。

（二）调查方法

本次调查主要采用发放调查问卷、深度访谈和座谈会相结合的收集资料方法。主要选取兰州市的五所高校开展调查。调查问卷发放采用网络电子问卷和纸质问卷两种方式。纸质版采用等距抽样和配额抽样方法，共发放纸质版调查问卷300份，确认有效问卷300份。电子问卷收到14829份，确认有效问卷14800份。

深度访谈在每个高校选取从事高校团委工作5年以上的2名团干部和2名大学生，就大学生青年发展状况展开结构式、半结构式访谈；座谈会由各高校项目参与人主持会议，采用开放式自由发言，座谈会不少于15

①本章由西北师范大学赵茜讲师撰写。

人，由学校考虑不同学院、不同年级、不同专业、不同生源地以及性别、是否是学生干部等因素确定参与人员。

二、群体主要特点及发展现状

（一）甘肃省大学生青年群体的基本情况

本次调查的大学生中，男性6359人，女性8290人；汉族学生占绝大多数，有13460人（占90.77%），回族学生586人，藏族学生392人，其他民族的学生391人；专科生5932人，本科生8798人，硕士及以上99人。

从大学生生源户籍本省—外省角度来看，甘肃省内生源占绝大多数，达到86.33%，高于外地户籍学生（13.67%）；从农村—非农户籍的角度来看，农业户籍学生占76.81%，高于非农户籍学生（23.19%）。

从就读专业来看，理工类占近一半，比例达到47%，文史类占34%，其他专业类型占19%。从五所高校团员干部访谈的情况看，我省高校学生群体团员覆盖率很高，达到98%以上。

（二）身心健康状况

调研发现，甘肃省高校大学生整体健康状况较好，认为自己健康的学生比例达70.32%，有26.10%的学生认为自己的健康状况良好，有3.02%的学生认为自己的健康状况一般，另有0.54%的学生认为自己非常不健康。

具体在身体状况方面，近视的问题最为突出，有61.27%的学生存在近视的问题，其次是体重问题、皮肤问题和睡眠质量差的问题，再次分别是发质毛躁、御寒能力差、无精打采、遇事消极和反应迟钝等方面的问题。

从近半年的心情状况来看，只有8.74%的学生感到非常愉快，52.28%的学生感到比较愉快，33.14%的学生感到心情一般，4.52%的学生感到心情不愉快，1.31%的学生感到非常不愉快。在团干部访谈资料中，几名多年从事学生工作的团干部也谈到学生在心理健康方面的问题，认为有超过三成以上的学生在心理方面呈亚健康的状况，这与接近四成的学生感到心情不佳的数据相吻合。

在压力感受方面，约有98.33%的学生感受到压力，其中9.66%感到压力非常大，43.46%感到压力比较大，40.58%感到一般，4.63%感到压力较小，只有1.67%的同学感到没有压力。压力来源最主要的方面是学业，占55.7%，其次是就业方面，占15.1%，再次是人际关系方面，占11.15%，此外还有家庭方面占8.24%，感情方面占6.99%，健康方面占2.82%。同时，我们也从大学生和团干部的访谈资料中看到，大学一、二年级学生由于从高中进入大学后，教师授课的方式、课程学习方式、学生管理等方式的变化带给他们学业修读方面的困扰和问题比较多。进入大学后，学生有更多自主学习的时间，而大多数学生由于缺乏自主学习的能力，从而出现学习方面的压力，由此导致他们产生情绪焦虑的困扰。三、四年级的学生普遍面临毕业去向选择方面的压力，由于就业市场的供需不平衡，许多学生选择通过考研暂避就业压力，但考研录取比率较低可能带来继续深造和就业都落空，目标不确定的压力带给他们的情绪困扰主要是焦虑、烦躁、恐慌和抑郁。

（三）学习状况

在专业学习方面，超过一半的学生喜欢自己所学的专业，从对专业偏好的程度上看，10.03%的学生非常喜欢自己所学的专业，42.11%的学生比较喜欢自己所学的专业，39.39%的学生对自己所学的专业感到一般，6.34%的学生不太喜欢自己所学的专业，另有1.82%的学生非常不喜欢自己所学的专业。由于高校在大学生入学后转专业政策的完善，越来越多的学生能够选择自己所喜欢的专业，同时还有辅修专业可以选择，这在一定程度上满足了学生学习自己所喜欢专业的需求。但仍有接近四成的学生对自己所学的专业感到一般，另有8.16%的学生不喜欢自己所学的专业，这说明接近半数的学生对所学专业的认同和接纳程度不高，专业学习目标不清晰。

职业类证书对于就业的意义不言而喻，因此受到大多数学生的重视，有81.43%的学生对考取职业类证书很重视，其中30.89%的学生非常重视，50.54%的学生比较重视，只有16.2%的学生认为考取职业证书的重要程度一般，另有1.42%的学生不太重视，0.96%的学生对于考取职业证书的问题没有关注。这说明，目前学生对接受高等教育的定位仍是完成本科学业后从事一份较好的职业，这也间接影响到高校比较热门的专业大多是就业前景好的实用、应用型专业，而基础学科类专业，比如哲学、历史学等，由于缺乏明确的就业市场和就业方向而比较受冷遇。

从近半年阅读书籍的状况来看，阅读专业相关书籍的数量最多，比例占28.48%；其次分别是文学类作品占22.78%，感兴趣的其他专业书籍占21.25%，网络小说占16.8%，考证类书籍占7.07%；考博考研类书籍和公务员相关书籍最少，分别占1.99%和1.63%，其主要原因是一般学生从大三开始准备考研或考公务员，相关书籍大多从大三才开始阅读。

关于课外时间的主要活动，接近半数的学生都选择了玩手机，比例占46.83%；其次是自习占35.77%，社团活动和学生干部活动占34.04%；再次是做兼职占16.73%，参与专业实践活动占15.36%，和朋友聚会占13.68%；最后是宿舍和网吧玩游戏占9.91%。从学生课外时间的活动安排可以看出，课外活动还是以自习和参与学生活动为主，参与专业实践活动相对较少，而智能手机的普及程度以及因其智能化、娱乐化功能越来越强大，使其取代宿舍或网吧玩游戏，成为学生中较为普遍的娱乐方式。值得关注的是，手机娱乐游戏功能及社交功能使用的便利性使其占据大学生越来越多的课余时间，手机依赖的问题也越来越突出，比如上课用拍照课件取代抄写笔记、用搜索工具取代图书馆查阅资料等。

调研发现，甘肃省高校大学生整体上对自己的学习状况满意度不佳，仅有29.32%的受访学生明确表示满意自己的学习状况（非常满意占3.16%，比较满意占6.16%）；接近半数的学生对自己学习的满意程度感到一般，比例占48.76%；18.19%的学生对自己的学习状况不太满意；3.72%的学生对自己的学习状况非常不满意。

进一步分析导致大学生对自身学习状况不满的原因，可以发现自律能力较弱是最主要的原因，有70.24%的学生选择了自律能力较弱作为对自身学习状况不满的原因，其次是缺乏明确的目标计划占57.66%，再次是学习方法不恰当占38.9%，这在一定程度上说明大学生在学习自律性、自主性方面较为欠缺，这跟学生在基础教育阶段的应试模式和家庭培养方式有一定关系。

（四）就业

调研发现，只有40.08%的学生有明确的就业目标，25.54%的学生表示没有明确的就业目标，另外34.38%的学生对于就业目标的问题，想法较为模糊。高校各专业都在开设职业生涯规划课程，但学生在具体的职业规划方面普遍缺乏相应的指导，这导致大多数学生在就业指导方面缺乏针对自身实际情况具体的、个性化的指导。

从就业方向上来看，希望从事与本专业相关工作的学生占39.27%，继续深造考研或考博的学生占27.15%，考公务员和事业编制单位的学生占10.06%，从事其他专业工作的占8.67%，自主创业的占8.46%，没有考虑过的占6.39%。这与学生选择工作过程中考虑的主要因素相互印证，有58.81%的学生选择工作所考虑的最主要因素是工作稳定，其次是收入（比例占44.51%），第三是符合自己的兴趣（比例占40.35%），第四是有发展前景（比例占36.39%）。由此可见，甘肃省大学生就业观念相对保守，趋向于体制内、相对稳定的职业类型，选择自主创业的学生较少，这与地区经济发展水平不平衡有关。

在关于在校期间就业准备行为方面，有55.10%的学生有做兼职的经历。从兼职的意愿来看，有39.9%的学生有意愿从事兼职，加上已有从事兼职经历的学生，共计95%的学生有意愿从事兼职。在从事兼职的原因中，选择锻炼自己能力的学生占72.99%，其次是赚钱（比例占51.89%），第三是为就业积累经验（比例占45.91%）。由此可以看出，大多数学生在兼职方面呈现出积极的态度和行为。

有76.67%的学生认为参加社会实践较多是找到一份满意工作的关键因素，其次是优秀的成绩和较多的获奖证书（比例分别是53.16%和

47.25%），再次是成为中共党员和担任过学生干部（比例分别是21.30%和28.88%），选择最少的是与教师关系好（比例为12.95%）。这说明，学生越来越重视自身能力在就业方面的优势。从对参加社会实践的态度上来看，虽然大多数的学生认同参加社会实践对于就业的重要意义，肯定参与社会实践对于找到一份满意工作的价值，但对比学生课余时间的实际安排，将课余时间用于参与社会实践的学生，其参与专业实践活动的并不多，仅占15.36%。

（五）社会交往

在社会交往方面，接近八成的学生拥有1～5名知心朋友，朋友每月聚会的频率选择2次以下的最多，比例占59.92%，2～5次的占33.37%。朋友之间交往谈论最多的三项内容分别是：个人心情、共同的兴趣爱好和自己的前途，比例分别为40.11%、40.98%、37.11%。这同时印证了在朋友提供的帮助中，精神方面和心情方面是最重要的两项，比例分别为55.11%和53.08%。同时，在“内心的秘密最愿意告诉谁”的问题上选择朋友的比例最高，占35.64%，而“心情不好时，谁最能理解你”的问题也是选择朋友的比例最高，占30.62%，由此可见，大学生的精神层面的主要社会支持来自于同辈群体。而在交友过程中，接近八成（76.69%）的学生认为“要交知心朋友”而非“广交朋友”。

从近半年与生活中重要他人交往的融洽度来看，相处融洽程度最高的是母亲（比例占85.39%），其次是父亲（79.39%），再次是同学（72.23%）、恋人（66.14）、教师（61.87%）。这说明，大学生的主要社会支持仍来自于父母，这也与“当遇到困难最愿意向谁求助”相印证，选择父母的比例最高，占35.52%。

（六）消费

调研发现，大学生生活费的主要来源是父母，比例高达92.24%，只有5.1%的学生的生活费来源是课外兼职，2.66%的学生的生活费来源为奖、助学金。总体来看，接近七成大学生月生活费低于1000元，生活费数额在501～1000元的最多，比例占54.6%，其次为1001～1500元，比例占27.23%，500元以下为11.48%，1501～2000元为4.61%，2000元以上为1.73%。

学生的主要花费在饮食、生活用品和衣服上，比例分别占93.67%、54.63%和41.92%。由此可见，甘肃省大学生整体上的消费观念较为理性，80.14%的学生赞同“会根据自己的合理需要来花钱”，73.16%的学生赞同“会根据性价比来决定购买某物”，63.31%的学生赞同“购买物品时看重它的实用价值而非外观”。由此也看出，大多数学生能够根据需求理性消费，但在实用价值和外观方面也表现出对商品外观的一定程度的重视。

（七）休闲娱乐方式

调查显示，甘肃省大学生日常娱乐休闲方式比较丰富，主要包括体育运动、阅读书籍、听音乐、看电影、动漫、朋友社交、电玩游戏等，而旅游观光、社团活动、志愿活动和户外探险类休闲娱乐方式相对较少。一半以上（55.71%）的学生认为，休闲娱乐对于自己的个人发展而言是利大于弊的。

我们关注到志愿活动类在大学生日常休闲活动中仅占8.29%，但从参与过志愿服务的数据来看，有76.22%的学生参加过志愿服务活动，由此可见，志愿服务活动的参与在高校大学生群体中呈现广覆盖但参与层次较低的特点。深入分析其原因，主要是：大学生群体参与志愿服务活动的意愿强烈，参与志愿服务活动的主要动机是服务社会、推动公益和在志愿服务过程中获得丰富的经验，达成自我成长；而高校实践学分的要求对于大学生广泛参与志愿服务活动也具有一定的推动作用。然而对于大多数学生而言，在参与志愿服务活动过程中参与层次较低、缺乏持续性的问题也使得志愿服务活动在大学生日常活动中所占比重不大。此外，没有时间参与、难以获得志愿服务的相关咨询、服务地点较远等原因，也成为大学生参与志愿服务活动的阻碍。

（八）婚恋观

调查发现，甘肃省大学生在选择恋爱对象时比较显著的四项因素为人品、性格、共同语言和外貌，而对于学历、家庭背景、地域和恋爱经历等因素的注重程度不显著。超过六成（66.17%）的大学生认为恋爱“过程”和“结果”同样重要，四成有不同观点的学生中，有23.45%的学生认为恋爱“过程”比“结果”重要，显著超过8.49%的学生认为恋爱“结果”比“过程”重要。

对比城市社会青年，大学生青年群体对“同性恋”和“一夜情”的态度较为温和。大学生对“同性恋”的接受程度分别为：接受占15.98%、中立占26.51%、反对占57.51%。城市社会青年对“同性恋”的接受程度分别为：接受占7.1%、中立占26.5%、反对占66.4%。大学生对“一夜情”的接受程度分别为：接受占10.84%、中立占16.42%、反对占72.73%。城市社会青年对“一夜情”的接受程度分别为：接受占2.1%、中立占10.4%、反对占87.5%。

对于婚前性行为，大学生群体的态度为：接受占30.59%、中立占23.8%、反对占45.6%。对于网恋，大学生群体的态度为：接受占19.88%、中立占33.08%、反对占47.03%。对于堕胎，大学生群体的态度为：接受占5.11%、中立占8.56%、反对占86.24%。对于离婚，大学生群体的态度为：接受占8.66%、中立占16.39%、反对占74.94%。从数据分析可以看出，大学生群体对于婚前性行为的态度更为包容，但是对于堕胎和离婚的态度反对程度较高。

（九）价值观

关于价值观的测量是通过对不良行为的接受度来考察的，不接受程度由高到低排列分别是：家庭暴力、偷窃财务、自杀行为、行贿受贿、偷税漏税、校园欺凌、逃票行为、横穿马路、考试作弊、抽烟喝酒。大学生对不良行为的态度在一定程度上反映了大学生日常生活中的行为偏好，比如抽烟喝酒、横穿马路的行为比较常见。从调查结果来看，学校教育及规范中所强调的考试纪律和道德规范等，学生接受、遵守、内化的程度需要改进。

关于法律在日常生活中的重要程度，有85.62%的大学生认为法律在生活中很重要。而当被问到“假如与他人发生纠纷，首先采用哪一种解决途径”时，超过一半的学生（52.75%）选择了找熟人调解，其后依次是找单位领导解决（15.71%）、选择忍了（13.27%）、向法院起诉（11.61%）。由此可见，绝大多数学生认为法律在日常生活中很重要，但在实际生活中，大多数学生会选择柔和一些的方式解决纠纷，这也与纠纷性质、事件大小以及诉诸法律的成本等原因有关。

三、对策及建议

（一）大学生青年群体的主要特点和存在的问题

1.大学低年级学生对于大学学习和生活的不适应问题

大学与高中较大的不同之处在于对学生的学习自主性的要求，很多学生在进入大学后较难适应大学学习生活。在经历过紧张的高考之后，许多学生都有一种放松和宣泄的心理需求，而大学相对宽松的教学和管理方式也使被“管教”惯了的大一新生感到无所适从，许多学生因为在大学第一年没有完成角色转换而使整个大学四年都在迷茫中度过，虚度光阴、迷茫、浮躁是这部分学生的状况。在学习方面缺乏明确的目标，缺乏对知识在理解基础上的批判性思维，再加上参与学生干部工作、社团活动等丰富的课余生活，使其进入大学之后不知该如何合理分配和安排学习、学生干部工作、社团活动、休闲娱乐活动等时间，无法做好时间管理严重影响了专业学习效果。

2.心理方面的问题较为普遍

大学生群体的心理困扰和问题比较常见，在学生访谈、焦点小组和团干部的访谈中都涉及这一点。大学生群体心理问题的原因多样化，有来自学业不适应方面的压力，有缺乏人际沟通和人际交往能力导致的同学关系紧张问题，还有面对当下和未来的诸多选择、缺乏明确目标、不知如何抉择带来的困扰，等等。高校相关部门重视心理健康方面的工作，各高校都有心理咨询中心的设置，但很多学生反馈并不是很了解心理咨询中心的职能及服务流程，当需要帮助时不知道该如何去寻求帮助。

3.关注就业的同时又对就业市场、个人职业生涯规划非常模糊

学校现有的职业生涯指导课缺乏针对个体学生提供有效的指导和支持，无法满足学生就业、创业、职业生涯规划的需求。

就业问题是当前高校学生普遍面临的严峻而现实的问题，大多数学生缺乏个人职业生涯规划的观念，缺乏就业角度的自我认知和自我了解，缺乏对职业和就业市场的了解，往往到大四才开始关注毕业去向的问题。有些学生在考研与就业的选择之间徘徊不定，既不能静下心来踏实复习考研，也不能全身心投入找工作和面试。调研发现，甘肃省大学生普遍缺乏创业意识，缺乏资金、经验、指导、创业风险意识等使得大多数学生在就业选择时放弃创业。高校开设的职业生涯规划课程大多以讲授方式进行，授课教师多由辅导员或相关专业教师担任，而非专业职业生涯规划指导师担任，教师只能在课堂上讲授关于职业生涯规划的普遍性知识，无法根据学生个体特征进行个别化有针对性的指导，尤其是对创业的学生无法提供专业有效的帮助和支持。

（二）对策建议

1.进一步加强对高校学生的思想引领工作

高校育人工作中，思想引领一直都处于最重要的位置。深入了解学生的需求是做好学生工作的重要前提和基础，因此要扎根青年学生当中进行深入调查研究，了解学生成长成才的具体需求，及时掌握学生的思想动态，对大学生在当前时代背景下的心态既有宏观的把控也有微观的统筹，对学生的思想动态进行深入地把握和分析，选择最恰当的切入点开展工作。青年既是中国梦的筑梦者，也是圆梦者，他们的整个人生历程是融入这样的一个时代背景之中的，应将习近平总书记关于中国梦的论述与大学生的责任感、使命感紧密结合起来，把中国梦作为引导思想工作的最重要的部分融入日常生活，从而引领大学生成为一个个有着中国梦并且愿意为中国梦奉献终身的有志青年。

2.在高校学生工作体系中建立学校社会工作服务模式

高校学生工作是高校教育的重要组成部分，其主要功能包括教育引

导、管理服务等，目前高校学生工作体系中主要以辅导员为中坚力量。《普通高等学校辅导员队伍建设规定》指出，辅导员是开展大学生思想政治教育的骨干力量，是高校学生日常思想政治教育和管理工作组织者、实施者和指导者。通过辅导员的思想教育和引领，组织管理使辅导员成为大学生的良师益友，成为大学生人生路上的引路人，促进大学生健康成长成才。

新时期大学生思想政治教育的时代目标要求提高大学生群体思想政治素质、能力素质、品格素质，促进他们向综合、全面的高素质人才发展。而社会工作专业主张尊重人的价值和尊严，认为每个人都是具有主观能动性的个体，充分挖掘人的潜能，鼓励个性发展，关注大学生学识、思想、能力、行为模式的塑造，同时关注学校、家庭、社区、社会等生活的社会环境系统，关注他们与社会环境的互动，塑造完整的、健全的人格。在学生工作体系中引入学校社会工作服务模式能够顺应时代需要，强调服务学生而非教育学生的工作理念、学生为本而非学校为本的工作重点、优势视角而非问题视角的问题解决策略、赋权增能而非控制约束的工作导向、学生参与而非消极被动的互动机制、实现全面发展而非片面僵化的教育目标。

3.为大学生提供切实有效的指导和帮助

服务意识是开展好工作的前提，服务能力是开展好工作的保障，高校必须把服务学生贯穿于学生工作的全过程，正确定位，转变工作观念，形成多元化的服务意识，遵循青年的成长规律和主体的地位，拓宽学生工作的服务内容，维护好青年学子的切身利益，帮助他们解决实际和具体的困难，推动学生与学校相关职能部门的互动并形成长效机制。

首先，根据大学生不同阶段的特点，有目的地开展分年级的教育和服务：大一以适应性教育和服务为主；大二以专业学习及实践教育和服务为主；大三以职业生涯规划教育和服务为主；大四以就业服务和教育为主。

其次，重视心理健康教育与服务，大学生心理健康教育应以“普及心理知识、加强心理调节、优化心理品质”为主旨，努力探索在新形势下开展大学生心理健康教育的新途径和新方法。建立心理咨询网络体系，将对大学生心理健康的关注融入学生工作之中，设置专职专业人员开展大学生心理健康教育、咨询和疏导工作，并大力宣传当学生遇到心理方面的困扰和问题可采取的求助途径、方式和程序，将心理健康教育活动常规化、日常化、持续化。

最后，搭建符合大学生需要的社会实践平台，将发挥专业特长的社会实践活动与参与公益志愿服务活动相结合，使学生在参与社会实践过程中既能提升专业实践能力，也能增强参与公益实践活动的意识和价值认同。同时，参与实践中加强自身建设，加强专业知识的学习和实用技能的提升，在实践中多体悟、多感知，了解自我，认识自我，从而在就业时从自身实际和个人兴趣出发，对自我做出客观评价，为顺利就业打好基础。

4.改变基础教育中尤其是初高中阶段只关注成绩的教育模式

高校大学生青年群体的诸多问题并非在大学阶段才形成和出现，而是深受以“高考”为指挥棒的教育模式的影响，学校教育中政治观念意识培养、心理健康教育、美育教育、社会实践、沟通能力、人际交往能力以及家庭教育中生活习惯、自理能力等的培养和教育的不足，导致许多大学生的生理年龄与心理年龄、社会年龄不相符，因此在基础教育阶段应更加重视学生各方面认知、意识、能力的培养，为进入大学及社会独立学习、生活、工作打好基础。

第五章
甘肃农村青年发展状况分报告[①]

甘肃农村青年作为最具活力和开拓精神的社会群体，是新时代背景下甘肃广大乡村完成乡村脱贫致富战略的主力军，社会各界都期盼这一群体能承担起接力、传承与创造的历史重任。为全面了解和把握甘肃农村青年的价值观、消费状况、政治参与状况、婚恋状况、经济状况、社会交往状况等，为探索新时期农村青年工作发展新路径提供现实依据，开创农村青年工作新局面，课题组组织了本次全省农村青年发展状况调查。

一、文献回顾

本研究主要围绕甘肃农村青年的教育状况、婚恋家庭状况、就业创业状况、社会交往、精神需求、生活方式、政治参与状况、基层团组织在农村的发展状况等方面展开研究。

梁英（2009年）通过调查研究，提出农村青年对于继续教育有较强的意愿，但社会所能提供的资源和条件则明显不足，同时，个人和家庭条件也会影响到农村青年接受继续教育[②]。上述观点具有一定代表性，是农村青年的普遍现象。

①本章由甘肃政法大学李晟赟副教授撰写。

②梁英.不足与矛盾:农村青年的继续教育现状[J].继续教育研究,2009(8):9-11.

至于教育的方式，吴敬学（2010年）提出加强农村青年教育要结合其自身需要，教育要针对农村青年的思想状况展开。

何绍辉（2010年）认为，农村青年婚配难是结构性因素与非结构性因素共同作用的结果，出生性别比、婚姻梯次和年龄结构差等是导致农村青年婚配难的结构性因素；个人条件、经济基础、思想观念和社会关系网络等是造成农村青年婚配难的非结构性因素①。

梁海艳等（2017年）对2011年新生代流动人口调查数据的分析显示，新生代流动人口的“地理通婚圈”和“等级通婚圈”都出现了扩大的趋势。受教育程度、个人技能、收入状况等个体因素，家庭经济条件、家庭成员数量和构成等家庭因素，社会、经济、文化等社会环境因素，共同对农村大龄未婚青年的婚姻选择产生了深刻的影响②。

郑玲玲（2010年）认为，信息来源、知识储备、创业培训等方面的局限性，以及相对滞后的城市化、工业化进程影响了农村青年的就业创业发展。周亚越、俞海山课题组对宁波市区域农村青年创业与创业文化做了相关的实证研究，发现宁波农村青年创业的原动力是求富，其创业文化的核心是吃苦精神、冒险精神和创新精神。宁波农村青年的创业精神主要来自于创业者的示范作用和他们以往的打工经历。虽然目前宁波已形成了比较良好的创业文化，但政府的引导依然十分重要。政府不仅需要大力培育创业文化，增强农村青年的创业精神，还需要对某些不良的创业价值观进行“纠偏”③。

张红霞（2014年）调查了农村青年的生活休闲方式，结论是：农村青年的主要时间在工作，大部分人不过周末和节假日；闲暇时间主要通过看电视、追剧、打网络游戏来度过；网购行为虽然也有，但是集中于低价商品消费，价格高的不考虑；很少有人进行体育运动，原因是太累

①何绍辉.社会排斥视野下的农村青年婚配难解读[J].南方人口,2010(4):18-25.

②梁海燕等.中国流动人口通婚圈地域结构分析[J].南方人口,2017(2):13-21.

③周亚越,俞海山.区域农村青年创业与创业文化的实证研究——以宁波为例[J].中国农村经济,2005(8):37-44.

且缺乏场地、器材和伙伴；交往圈子狭窄，人际关系日益薄弱[①]。

周露（2016年）从消费水平、消费结构、消费观念等方面研究了农村青年的消费生活方式；从社会交往对象、社会交往目的、社会交往标准、社会交往方式等方面研究了农村青年的交往生活方式；从闲暇时间、闲暇活动、闲暇场所、闲暇生活满意度等方面研究了农村青年的闲暇生活方式，结论与前文大体相同。

王新铭（2014年）对农村青年的政治参与研究发现，他们的政治认知度高但参与度较低，表现出较为明显的“政治冷漠”；政治参与渠道狭窄限制了参与的积极性；政治参与的内容功利化特征明显，偏向于关注农村医疗保障、子女升学以及农村青年权益保障等问题[②]。

魏铮（2012年）认为，农村青年的精神状况总体呈现积极向上的精神风貌，精神需求从单纯的自我满足型转向对自我价值实现的渴望，但是对国家建设和共产党领导、农村建设和自身发展方面存在认识不足的问题，爱国思想和大局观念、兴农意识和吃苦精神、感恩意识和责任意识、法律常识和法制观念相对淡薄，由于农村家庭的收入水平和农村青年受教育程度普遍较低，农村青年的精神需求在很多层面受多方面因素影响，难以得到满足，因而出现诸多问题。

杨静（2010年）研究了经济发达富裕的广东农村，发现社团组织依旧存在着诸多问题，主要表现在农村社团组织的创造性及覆盖面明显不够，制度建设普遍不到位，活力和影响力相对不强，运作能力和可持续发展后劲相对不足，服务农村青年缺乏有效途径，服务农村发展大局处于配角地位，农村社团组织建设陷入空前困境。这也是全国农村的普遍状况。

上述研究给我们以具体生动的启发，围绕着关键主题设计研究方案，选定调研地点以及适宜的调研方式。

---

①张红霞.传统解构与现代性的渗入：农村青年闲暇生活分析[J].新西部（理论版），2016(6)：9-10.

②王新铭.当代青年政治参与研究[D].徐州：江苏师范大学，2014.

二、群体范围与调查方法

本次调查的农村青年，是指户籍为甘肃农业户籍或者在甘肃农村工作的青年，年龄在14～35岁之间，职业不限。

本次调查主要采用发放调查问卷、深度访谈和座谈会相结合的收集资料方法。鉴于农村青年季节性外出务工多、流动性很大的特点，传统的调查问卷方法并不完全适用。综合考虑全省地理格局、各地人口规模、经济发展水平、人口流动性等因素，选取了14个地区作为本次数据采集的地点。调查问卷发放采用网络电子问卷和纸质问卷两个途径进行。纸质版采用等距抽样和配额抽样方法，共发放纸质版调查问卷500份，确认有效问卷490份。电子问卷收到3170份，确认有效问卷2975份。

深度访谈主要在每个调研地点派出访问员访问至少3个农村青年或涉及农村青年发展的管理人员，就农村青年的发展状况展开结构式、半结构式访谈，深入、广泛畅谈，每次访谈时间不少于2小时。

座谈会由具体负责人主持会议，采用开放式自由发言。每个调研点至少召开3场座谈会，每次座谈会不少于15人，包括在家务农青年、在家从商青年、外出务工人员、涉及农村青年的管理人员、较长时间连续稳定地在农村工作的其他行业人员。

三、群体主要特点及发展现状

（一）重视学历，更重视实践工作能力

从学历水平看，农村青年的整体学历偏低。数据显示，51.09%的农村青年只具有初中学历，29.85%的人具有高中或中专学历，只有17.92%的人具有大专以上学历。小学学历的人口比例比较低，其中主要是偏远地区人员以及少数民族女性，虽然本次调查问卷数据可能未实现全覆盖，但这种情况在课题组的实地调研访谈中得到印证。以甘肃临夏州东乡族自治县的女性青年为例，绝大部分农村女性青年的教育程度为小学，受教育经历多数都终止于小学毕业，总体学历水平偏低。她们完成小学义

务阶段教育后便很快从事繁重的劳动，不再继续完成初中阶段的义务教育。

甘肃农村青年对于提升学历有着强烈的愿望。调查数据显示，43.93%的农村青年希望自己的学历可以提升到本科，甚至有愿望提升到硕士研究生和博士研究生，二者相加比例达到了39.03%。这说明，他们对于通过受教育提升个人素质有着清醒的认识。然而，在实际的深度访谈和座谈会中，调研组又发现一种现象：农村青年一方面清醒地意识到了学历的重要性，多数源于在外出务工、经商等活动中的深刻体验，向往拥有高学历，但另一方面，在日常生活中却更看重实际工作能力，集中表现为以挣钱多少为判断人生是否成功的主要标准，认为学历再高迟早也是要出来挣钱养家的，学历最现实的作用是帮助家里解决经济压力。

（二）学习具有功利性

甘肃农村青年对于知识比较渴望，但在实际生活中主动进行自我学习的人并不多。调查样本显示，只有35.15%的青年能够利用闲暇时间主动规划自主学习新知识。64.85%的人缺乏主动学习意识，面临突发事件或者有迫在眉睫的事情时，才会想起学习这方面的相关知识。在被问到“是否参加过职业技能培训”时，75%的被调查者回答没有参加过，可见他们普遍缺乏职业技能培训，深度访谈表明他们对此有着强烈的需求。在被问及希望得到的培训类型时，位于前两名的分别是岗前培训31.36%、职业技能培训24.81%，两者相加总和达到56.17%。只有14.02%的人选择了学历提升，表明他们对短线实践操作比较热衷，学习具有功利性，学以致用的特点十分突出。

在访谈调研中，对于“学习中遇到的最大困难”，农村青年反映最多的困难是时间紧张、忙着挣钱，没有时间学习。然而，调查问卷数据分析却显示，影响农村青年学习的前两位因素分别是“基础差、学习吃力（40.6%）”“没有良好的学习氛围（24.4%）”。综合各种因素分析，缺乏自主可持续学习的能力才是影响农村青年学习的最重要的影响因素。“经济紧张（16.8%）”“工作忙没时间（13.8%）”的比重并不算太高。

（三）追求稳定就业，就业渠道多元化，对就业路径认知取向积极

大部分甘肃农村青年都有自己的工作，达68.8%；赋闲在家完全无业者占30.6%，主要以育龄妇女为主。与其他从业青年相比，甘肃农村青年选择工作时看中的首要因素有所不同，占前两位的因素是“离家近”（31.2%）、“工作稳定”（26.5%）。至于其他的影响因素，排序从高到低依次为：适合自己的能力（25.3%）、有发展前景（18.8%）、收入高（12.4%）、福利好（8.8%）、有成就感（5.3%）、社会地位高（2.9%）。可见，这一群体仍然是以家庭为中心来择业，发展前景、收入高等因素次之，显示出甘肃农村青年“走出去”的意愿不强烈，对事业发展的空间期许不高。

在工作的更换频率方面，农村青年更换的频率并没有想象中的高，而是相对比较稳定。5年内从未更换过工作的占29.4%，更换过一次工作的占37.1%，两者相加达到66.5%，更换过2～3次工作的占25.9%，更换过4～5次工作的占5.1%，更换6次以上工作的占2.9%。

就业渠道多元化的特征比较明显。位居前三位的分别是熟人介绍（29.41%）、招聘广告（17.65%）、参加招聘会（14.12%）。这表明，农村青年依托熟人社会的关系网络资源寻找工作仍然是比较重要的途径之一。此外，农村青年也学会了现代求职方式，能够借助招聘会、招聘网站等多元平台寻找机会，就业能力有所提升。当然，这里也包括政府针对农村青年组织的专场招聘会，有力地拓展了他们的就业机会。

对就业路径认知取向比较积极，显示出符合市场经济时代的现代化思维特征。在被问及“你认为找一个好工作主要依靠什么”时，被调查者的回答排在前三位的依次是“个人能力强、素质好”（39.9%）、“有一定的工作经验”（14.5%）、“有文凭、学历高”（12.1%），显示出在市场经济观念的影响下，当代甘肃农村青年的就业观念比较积极。

（四）较强的创业意愿受限于资源环境和个人能力双重因素

对于“有机会，就去创业”的提问，甘肃农村青年选择非常同意的占23.5%，同意的占30.6%，两者合计达54.1%，显示出他们对自主创业

有较强的认同。但从进一步的深度访谈得知，创业意愿多数以在本地为主，围绕着传统产业进行，新项目、新思路较少。同时，他们还认为自身缺乏自主创业的竞争力，没有能力在市场经济中扎根生存，自信心严重不足。很多人存在“创业风险高，必然失败”的消极想法，认为将来回乡务农或者继续打工是必然选择。

应当看到，甘肃农村青年位于相对偏远的西部地区，自主创业受到的限制因素比较多。对于这一问题，课题组没有设置调查问卷题目，只是在深度访谈和座谈会中进行了粗略的收集整理工作。关于甘肃农村青年自主创业的限制因素，占前三位的分别是：缺乏创业指导、缺乏技术支持、缺乏资金。此外，反映比较多的限制因素还有“对市场经济不熟悉”“农村现代电子网络技术不发达”“获取优惠政策的渠道狭窄”“省里对创业青年的支持有限”等。他们非常希望获得具体、详细、可持续的创业培训，希望多走出去参观学习。这反映了甘肃农村青年自身的能力、素质还与发达地区农村青年存在较大差距，创业动力和创业可持续能力不足，需要社会各界重点关注和帮扶。

（五）现代婚恋观念占主流，同时受传统婚姻家庭观念影响

根据调查问卷可知，甘肃农村青年的初婚年龄，平均值在23.2岁左右，占48.7%，22岁以下的初婚者尚有21.7%，与城市青年相比，农村青年初婚年龄偏早。座谈会和访谈结果显示，偏远贫困地区的农村青年一旦超过22岁就被认为是大龄青年。若超过25岁，则被认为是结婚困难人群。课题组曾多次询问当地居民，是否经济条件好的农村男青年的挑选余地更大，结婚年龄可以提高到25岁～30岁。所有被访问者均给出了否定回答，他们认为，超过25岁且经济条件好却还不结婚的青年，很可能存在身体缺陷、性格缺陷、人品缺陷等，因此不能被选为结婚对象。

甘肃农村青年在婚恋观上日趋现代化，崇尚感情为基础的婚姻，反对父母完全包办，追求婚姻质量。在回答“在择偶的过程中，你最看重下列哪些因素”时，排在前三位的依次是：共同爱好（41.8%）、生活习惯（40.6%）、受教育程度（27.6%）。其他依次为：外表形象（20.6%）、

父母态度（19.4%）、经济收入（17.1%）、家庭背景（15.3%）、身体状况（11.2%）、需求互补（10%）、地域差异（4.1%）。这表明甘肃农村青年在择偶过程中趋于理性成熟，比较注重双方的相似性，关注对方的素质、内涵。但也应看到，父母态度、经济收入、家庭背景三个传统的婚姻择偶因素占比都超过了15%，说明传统婚姻观念仍具有一定的影响力。

最受传统因素影响的是婚礼的举办形式。主要表现为：购买婚房、婚礼开支以及彩礼绝大部分由男方承担，尤其是男方家庭买房压力大，彩礼数额较高，负担普遍较重。

随着社会对于婚姻的认识日趋包容和多元化，大部分甘肃农村青年认识到婚姻只是一种生活方式，尊重婚姻的严肃性，同时也能接受婚前性行为。甘肃农村青年能够理性看待离婚现象，认为如果面临这一问题，也会理性看待，并不认为是人生的巨大失败。在回答“对于现代社会多种生活方式的看法”时，认可“丁克家庭”的占7.6%，中立的占32.9%，反对的占59.4%；认可“只同居不结婚”的占5.6%，中立的占23.5%，反对的占71.2%；认可“同性恋”的占5.3%，中立的占23.5%，反对的占71.2%。

对于婚后是否与双方老人同住问题，课题组主要采用座谈会的方式进行，回答者表现出明显的两类趋势。一类是留在农村务农或者季节性外出务工的青年，无论男女，绝大部分都认可跟男方父母同住的生活模式，前提条件是男方承担建房、买房责任。另一类是户籍虽然在农村，但在城市里已经初步奋斗出自己的事业基础，常年居住在城市里，以后也不打算回农村发展的青年，大部分也认可婚后与老人同住的生活模式，但男女分化明显。若婚房完全由男方购买，则男方只同意与自己父母同住，拒绝与女方父母常住，女方则表示愿意与双方老人同住。若婚房有女方出资的份额或女方承担了部分房屋贷款，无论份额大小，女方都表示最想与自己父母同住，但是不与任何一方老人长期同住。

甘肃农村青年生育观念日趋理性。农村青年理想化的子女数目为2个，占65.3%。此外，回答“生育1个，性别无所谓”的占到了21.3%。

由此可以看出，甘肃农村青年重男轻女的观念已逐渐被淡化。但是，“生育一个男孩”占5.2%的比例略高于“生育一个女孩4.4%”，说明重男轻女的现象还是客观存在的。

甘肃农村青年再生育一个子女的意愿不高。他们普遍认为生育两个孩子已是极限，再生育一个的意愿不高，其首要的影响因素是经济压力问题（42.6%），其次是孩子的教育质量问题（23.1%）。该数据结果与城市青年的相近，差别不大。

甘肃农村青年重视亲子关系，认识到家长陪伴对孩子的重要作用。在被问及“如果生育子女，你会选择哪类抚养方式”时，53.38%的被访问者表示要“在目前的工作地自己抚养和教育”，15.33%的被访问者表示“在目前的居住地由老人抚养和教育”。考虑到在目前的居住地由老人抚养和教育实际上是年轻人与老人同住，年轻父母下班回家也参与了亲子教育，这两类回答其实在实践中比较相近，总和达到78.71%，说明甘肃农村青年已经比较重视亲子关系的培育。但由于调查问卷中该题测量的只是一种抚养关系的主观意愿，而不是实际存在的亲子关系抚养事实，所以在实际的调研中，座谈会和访谈反映出来的情形是：绝大多数已婚已育青年夫妇由于多数时间外出务工，孩子由老人抚养，或者女方全职在家抚养孩子，男方陪伴孩子的时间有限。当然，甘肃农村青年已经有了重视亲子关系的意愿，说明他们的抚育观念已经趋向于现代、科学的育儿理念，注重抚育内涵和质量。

（六）生活开支大，消费观念理性谨慎

调查问卷显示，甘肃农村青年普遍经济开支压力比较大。收入小于支出的居第一位，占54.85%；收入大于支出的占第二位，占24.18%；最后是收入与支出持平，占20.96%。座谈会上，青年人反映的谈话内容也显示了这一情形，这不一定是由于“农村”因素造成的，很有可能是“青年”这一因素造成的，参会者也对此表示认可。农村日常开支最多的方面，从高到低依次排序是：饮食（77.3%），衣服、化妆品（37.4%），休闲娱乐（23.3%），居住（20.6%），水电生活必需品（20.3%），抚养子女（18%），社会交往（14.1%），医疗（12.1%），购买图书资料（9.7%），购买贵重物品（1.9%）。这一问卷数据仅供参考，因为很多农村青年与自己的父母居住在一起，经济上不分开，很难说是由青年还是其父母一方承担了某些开支。从开支内容上看，还是以衣食住行为核心，消费显示出明显的生活性传统消费特征。

农村青年消费观念理性、谨慎。我们设计了价格低廉、实用、名牌产品、新潮、购买途径快捷方便、个人偏好六个影响购物的因素。使用多项logistic模型分析，影响农村青年消费的因素从高到低依次排序为：实用（80.6%）、价格低廉（67.4%）、购物途径快捷方便（49.4%）、个人偏好（48.3%）、新潮（33%）、名牌产品（14.2%）。显然，农村青年消费很理性，注重一件商品的综合性价比，不盲目追求名牌产品和新潮产品，不跟风消费，注重商品实用、物美价廉，在自己力所能及的情况下选择能承担的消费项目，不超前消费，勤俭持家。

（七）理财意识和投资意愿弱，对社会性保险认知度高、参与性强

甘肃农村青年的收入普遍不高，处于事业初创或起步阶段，且绝大部分收入都用于日常生活开支，手中余钱不多，很难进行投资理财。即使是在有限的理财活动中，也对除了银行存储之外的现代金融产品十分陌生。座谈会显示，很多农村青年只听说过股票、债权，认为这些投资项目距离自己很远，自己不懂投资，也从未打算进行这方面的投资。调查问卷显示，甘肃农村青年理财首选“银行储蓄”（82.7%），其次是“购买保险”（29.7%），至于购买银行理财产品、购买股票、债权、黄金等，占比都很小。这说明，甘肃农村青年还比较缺乏现代市场经济知识，对金融资本运作几乎不了解，也缺乏学习的机会和学习的能力，这可能会成为其自主创业和现有事业做大、做强的制约因素。

值得欣慰的是，在被问及最重要的两项社会性保险——新型农村合作医疗保险、农村养老保险时，被访问的农村青年都明确回答已经参加。这说明，他们对保险有十分清醒和理性的认识，也愿意承担自己应当缴纳的费用份额。其原因是各级政府近年来宣传推广力度很大，农村群众

对此都有广泛、清晰的认识和了解。

（八）社会交往网半径窄，交往方式单一，交流层次较浅

根据调查问卷显示，甘肃农村青年的社会交往意愿，排在第一位的是邻居（71.6%），第二位是与自己性格不同的人（19.3%），第三位是陌生人（18.8%）。这个“圈子”基本上是以熟人关系网络为中心出发，逐渐向“圈子”边缘递减。当被问及与非本国人是否交流时，大部分受访者都表示没想过，基本不可能，不是因为语言障碍，而是觉得没什么好沟通的。

在被问及“最近半年与别人的融洽度”时，从高到低排序依次是母亲（84.8%）、父亲（79%）、邻居（72.5%）、同事（59.4%）、领导（51.7%）、恋人（51.4%），显示出明显的围绕着以原生家庭为核心的关系维护模式。值得注意的是，与恋人的融洽度排在最后，说明年轻人传统交往观念依旧比较重。社会学认为，恋人等同于自身，恋人关系排在最后说明为了维护群体社会关系而牺牲自我社会关系的思维特征。

甘肃农村青年的朋友数量不是很多，社会交往面并不宽。在与朋友交流的内容方面，情感性因素交流偏多，占据前三项的分别是：个人的心情（54.8%）、共同的兴趣爱好（47%）、家事（35%）。至于感情的事、个人的前途未来，所占比例不高。调查员进行深度访谈问及原因，大部分农村青年表示，周围所交往的都是熟人，有压力也不愿意说，担心自己的想法传到村里熟人耳朵里被人嘲笑，面子上“挂不住”。

虽然与城市青年一样，甘肃农村青年社会支持网以初级群体为主，但是值得关注的是，恋人或配偶并不在农村青年重要的社会支持网络群体前两名之列。在问及“遇到困难你最先向谁求助”“你内心的秘密最先愿意告诉谁”“心情不好谁最能理解你”“空闲时间你和谁待在一起时间最长”时，排在前两名的分别是父母、朋友。这一方面显示出农村青年在婚恋观念中认为配偶是外人的思维仍有一定影响力；另一方面，与婚恋时间短，双方精神层面尚未建立起深入持久的亲密关系有关。

（九）业余时间休闲方式单一

农村青年业余生活方式总体上比较单一。业余时间以玩手机、打游戏、看电视、睡觉为主要休闲方式。其次为吃喝、打牌、唱歌、闲聊等。虽然显示有39.9%的青年人在业余时间进行体育运动，但是在实际的访谈中得知，他们认为饭后散步、逛公园、家务劳动也算是体育运动。也有一些青年明白体育运动的含义，但他们回答说，上班、干农活、照顾老人、带孩子已经使人十分疲倦，根本没有时间、体力和心情进行体育运动，村里也很少有运动器材。就算有运动器材，偶尔想打乒乓球、篮球，也找不到伙伴，大家都很忙，没有时间和心情做体育运动。在城里务工的农村青年则反映，业余时间即使想运动也没有场地，城市道路拥挤、空气污浊，跑步都没空间。专业的运动场馆都收费，舍不得花钱去。这一现象值得有关部门重视，需要加大宣传力度，倡导健康文明的休闲方式，同时也要尽可能多地提供条件，让年轻人有更多的休闲活动场所。

（十）对知法、守法的重要性有清晰认知，但发生纠纷不愿意涉诉

经过多年来国家坚持不懈地进行普法宣传教育，甘肃农村青年对法律的重要性有明确认知。调查数据显示，60.3%的甘肃农村青年认为法律对自己很重要，28.61%的农村青年认为法律对自己比较重要，二者相加达到了88.91%，说明甘肃农村青年绝大部分认识到法律的重要性，法律意识比较强。当被问及“当你不认同某条法律时，是否依旧遵守该条法律”时，有41.78%的人回答“会”。甘肃农村青年遵守法律的意识比较强，基本能做到“有法必依”。甘肃农村青年法治观念普遍确立，认识到有法必依是法律意识的重要组成部分，也是构建法治中国的重要基石，这是可喜的进步。

对于使用法律维权，调查问卷显示甘肃农村青年愿意采用这一方式解决纠纷的比例并不高，他们并非积极使用法律作为维护自身合法权益的活跃群体。在被问及“假如与他人发生纠纷，你会首先使用哪一种解决途径”时，回答排在第一位的是“找熟人调解”（42.3%）。排在第二位的是“找单位领导解决” （16.2%），显示出了中华传统文化中“以和为

贵”理念，以调解作为首选的纠纷解决方式倾向。尽力寻求非对抗手段解决矛盾，说明甘肃农村青年已经形成了理性的独立判断思考能力，不冲动办事。当然，从法治的角度看，这在一定程度上也显示出农村法治教育需要进一步强化，适当地引导广大农村青年在某些纠纷问题上善于拿起法律的武器，通过合法的渠道积极维护自身的合法权益。

（十一）关注政治但对公共事务的参与度不高

甘肃农村青年对时事政治有着一定的关注度，有正确的价值观，但参与程度不高。“对政治事务的兴趣”回答不感兴趣的只有7.7%，完全不感兴趣的只有1.2%，二者总和8.9%，说明甘肃农村青年总体上关注时事政治，但是参与度不够。如果以网络头条新闻评论作为考核指标，60.2%的农村青年只观看不评论。深度访谈结果表明，大多数农村青年对政治、公共事务存在观望心理，主动参与积极性不高。

在参与社会组织方面，农村青年的参与度不高。被问及“你是否是以下组织的成员”时，排在第一位的是“不是任何组织的成员”（41.9%），第二位的是“同学、老乡会”（40.3%），第三位的是“休闲娱乐群体”（15.1%）。另外，回答“工会”的占7.7%，“行业协会”的占12.6%，“志愿者、公益组织”的比例不足3.5%，显示出甘肃农村青年把主要精力放在经济利益获取和个人事业奋斗上，还局限于个人发展的“小圈子”里，对国家发展、国际政治外交的关注度、参与度都不足。这种状况与甘肃农村青年的受教育程度、思维方式、奋斗目标、眼界视野等因素有一定的关系，在一定程度上有可能成为农村青年向前迈进的限制性因素。

（十二）志愿服务热情高但缺少参与平台

甘肃农村青年有爱心，愿意承担社会责任，有奉献精神。他们对志愿服务并不陌生，有些人曾经有不同程度的参与行为。在被问及“志愿服务参与意愿”时，66.38%的被调查者表示自己很愿意参加。在深度访谈和座谈会中，在座的青年也都纷纷表示非常愿意参加志愿服务，他们的热情很高。在被问及“参与志愿服务的原因”时，排在前三位的回答分别是“展示自己的才能”（49.8%）、“服务社会推动公益”（46.4%）、“丰富经验自我成长”（43.8%）。从这些数据可以看出，甘肃农村青年的志愿服务意识正在被唤醒，能够把寻求自身心灵成长的过程与承担社会责任结合在一起，富有爱心和善心，积极热情回报社会，价值观健康。

当然，志愿服务不仅是一种意愿表示，更重要的是参与。参与途径少是目前甘肃农村青年参与志愿服务的最大限制因素。在深度访谈和座谈会上，很多在家务农的青年都表示，自己很愿意作为志愿服务的成员参与活动，但农村志愿服务机构几乎没有，参与的平台相对匮乏，自己没有时间也没有能力主动发起活动。在城市务工的农村青年也有很高的参与热情，但社会交往范围狭窄，不知道哪里有志愿服务的机构，也不知道从哪里获取参与志愿服务活动的信息，也没有人组织引导，自己也缺少主动发起这类活动的资源，还是希望政府、社会的相关组织能够为农村的公益事业搭建平台，让自己有时间、有机会参与其中，奉献爱心，回报社会。同时，他们表示自己也愿意在这一过程中体验心灵的成长。

（十三）热爱祖国，有正确的价值观，以做中国人为荣

目前，甘肃农村青年存在的一个显著特征是理性、冷静、务实。甘肃农村青年出生于改革开放带来的稳定、繁荣、开放的环境，生活在中国日渐强大的新时代，他们见多识广、视野开阔，对多元文化有着较高的包容度，崇尚以理性态度看待问题。在座谈会中，绝大多数农村青年都认为，中国的发展越来越好，因自己是一个中国人而非常自豪。他们纷纷表示，平时可以出国观光旅游，可以与外国人交流交友，但没有想过出国定居。73.4%的农村青年认为，当前国家实施的“一带一路”战略是西北农村发展的良好契机，应该抓住机会。精准扶贫是改善农村发展各项硬件、软件设施的治贫政策，他们要在这场扶贫攻坚战中把握机会，作为乡村振兴的希望和骨干力量，为家乡的繁荣富裕尽自己最大的努力。他们对目前社会中存在的问题有着清醒的认识，认为要坚信中国探索发展道路正确，深信中国的发展一定会越来越好。

除了以上由调查问卷集中反映出的特点外，根据座谈会的内容还反映出一个突出问题，即目前甘肃农村的青年服务组织建设比较薄弱，急需加强。农村青年服务组织建设存在的问题主要表现在两个方面：一方面，数量少、影响力弱。由于甘肃农村人口居住分散，山高沟深，道路崎岖，很多农村青年表示不知道自己所在乡镇有没有青年服务组织，也从来没有参与过青年服务活动。另一方面，青年服务组织开展的活动未能很好地契合农村青年的急迫需求。座谈会内容显示，农村青年目前有比较集中的三大现实需求：一是年轻人的就业、创业压力很大，急需一些民间青年服务组织在创业资金扶持、信贷优惠、针对性的优惠政策等具体方面提供服务。二是希望多举办相亲会解决自己的婚姻问题，也有婚恋辅导、心理辅导、政策法律咨询等现实需求。三是农村青年有很高的参与志愿服务、公益活动的热情，但苦于无人出面发起和资源少，希望青年服务组织能在这方面起到主力军作用。

四、对策与建议

甘肃农村青年正处在从传统农民向现代农民转变的过程中，总体特征为：文化程度有了很大提高，但总体受教育程度仍然偏低；对知识渴望但自主学习的能力不足，学习中的功利心态较重；在就业市场缺乏竞争力，注重学习实用技术，希望得到职业技能培训，更倾向于免费学习以提升自身能力；就业观念比较保守，视野不够开阔，追求稳定以及多流动于家乡附近，自主创业的信心不足；能够理性消费，勤俭持家；有一定的创业热情，能吃苦耐劳、踏实务实，但缺乏与之相匹配的工作能力，进取精神还不够，对市场经济不熟悉，对现代金融工具比较陌生；社会交往面狭窄，社会关系支持网络限于血缘家庭；对社会公共事务有一定的关注，但热情不够、参与度不高。课题组基于上述调查分析，提出如下对策建议：

（一）加大教育宣传，引导农村青年重视学历教育

与城市青年相比，甘肃农村青年发展受到诸多限制，发展相对缓慢，

其中很大一部分原因是受教育程度较低，自身能力不足。社会各界要继续加大宣传教育力度，让农村青年认识到受教育的重要性，防止“学历无用论”的错误论调在农村蔓延。同时也要提供各种资助帮扶，让农村青年从小就能顺利地完成义务教育，奖励高等教育，鼓励继续教育，从而提升个人综合能力。

（二）加大职业技能培训多样化的广度与深度

农村青年接受一定的职业技能培训，在就业市场、劳务市场就会有较强的竞争力，职业技能培训不失为农村青年能力提升、家庭脱贫致富的有效路径。除了国家兴办的各级职业学校加大优惠招生力度外，各级政府还可以采取政府购买项目的方式，与社会各种民办教育机构合作，开展职业技能培训，加大对职业技能培训的补贴扶持力度，尽量拓宽覆盖面，让更多的农村青年有接受职业培训的机会。

（三）重视对青年的创业引导和扶持，及时定向推送优惠政策信息

农村青年创业面临着较多的现实困难，需要社会各界积极主动扶持。各级领导、创业成功人士、社会爱心人士可以走近创业青年，深入到这一群体中去，具体了解他们遇到的困难，积极搭建资源链接平台，从资金扶持、信贷补贴、政策优惠、信息推送、导师培训等方面予以点对点的扶持；多带领创业青年走出去参观访问，请相关领域领军人物现场授课；简化审批办公流程，提高办事效率，奖励优秀创业青年，助推他们创业成功。让农村创业青年放下思想负担和压力，大胆拼搏。

（四）推动新婚育观宣传普及

要关心农村青年这一群体的婚姻家庭问题，针对目前农村存在的不良婚俗习惯，政府应当加大宣传教育力度，鼓励文明、节俭的优良传统观念，倡导婚事新办简办，以减轻年轻人的经济压力。同时，可以考虑多举办相亲会和集体婚礼，主动出击做实事，让年轻人有婚事新办的平台和机会。另外，要严格执行法律法规，整顿农村婚庆服务市场，严厉打击借婚姻敛财等不法行为。

（五）推动建立青年服务组织，发挥其引领作用

农村青年愿意承担社会责任，积极参与公益活动的热情很高，但苦于没有参与的平台和机会，自己又缺乏主动发起、组织运作公益活动的能力。有关部门需要关注这一群体的切实需求，发挥主渠道作用，充分挖掘农村青年的潜力，培育各类民间公益社团组织，动员社会力量把这一部分青年整合进志愿服务队伍中去，让更多的农村青年有机会参与志愿服务活动，充分发挥他们的聪明才智，锻炼他们的心性和毅力，为建设和谐社会做出贡献。

第六章
甘肃城市青年发展状况分报告[①]

近年来，甘肃城市人口数量迅速增加，城市规模不断扩大，城市基础设施不断完善，公共服务均等化水平不断提升，城市发展取得了全面的进步。但甘肃城市发展水平相较于全国其他省份仍有一定差距，城市化水平相对落后，整体城市发展给人以后劲缺乏、面貌改善缓慢的印象。甘肃城市青年作为城市建设和发展的主要力量，其发展状况必然影响城市的总体发展水平。社会各界都期望这一群体能承担起开拓与创新驱动的重任。为全面了解和把握甘肃城市青年的价值观、消费状况、政治参与状况、婚恋状况、经济状况、社会交往状况等，并为探索新时期青少年社会工作发展新路径提供现实依据，开创城市青年工作新局面，课题组组织了本次全省城市青年发展状况调查。

一、文献回顾

经济社会转型发展背景下，城市青年发展面临着房价高、看病贵、收入差距大、子女上学难、生活负担重等诸多问题。城市青年生存压力大，民生发展困难多，生活质量、主观幸福感受到影响。面对生活压力和民生发展困难，城市青年对未来仍有信心，对政府改善民生、解决民

①本章由甘肃政法大学梁盼讲师撰写。

生问题寄予信赖和期望。[①]

目前，在一些学者针对城市青年发展状况的调研中总结了城市青年的特征，反映出城市青年在社会转型大背景下，价值观念受到市场规则的影响，导致青年一系列认知的改变，包括对学历和收入关系再认知、就业与创业观念的改变、择偶观改变、对幸福感的定义等。但是，不得不承认的一个事实是，随着知识、信息时代的到来，在信息资源获取便利、学习形式多样的背景下，城市青年已经行动起来，主动适应时代潮流。他们在工作之余选择多种途径获取资源、积极学习，尽量提高自己的学历和竞争力。[②]这个时代的青年人在面临较大压力的同时，也在努力发挥积极主动性去适应、去改变、去创造。学者对城市青年研究中的分析指标体系建构主要涵盖：教育、就业、创业、恋爱、婚姻、生育、政治参与、合法权益维护、社会保障等。当然，不同研究内容对上述因素各有侧重，研究比较集中且具体、深入的领域主要包括教育、恋爱、婚姻、生育等方面。主要的研究形式为调研数据的直观统计描述和相关因素显著性验证等。

据中国青少年研究中心2017年统计，对青年婚姻的整体状况和基本特征描述为：（1）青年未婚比例有所提高，城市青年未婚比例明显高于城镇和乡村青年。（2）城市男青年未婚比例明显高于城镇和乡村男青年。（3）城市女青年未婚比例明显高于城镇和乡村女青年，乡村女青年有配偶比例最高。（4）大龄未婚女青年比例持续增长，大龄未婚男青年比例稍有下降，大龄未婚女青年主要集中在城市。（5）早婚现象在男女青年中均有所减少。[③]

也有研究表明，城市青年中存在生育意愿与生育行为相背离的现

①赵文.大城市青年民生发展状况调查与思考——以上海市为例[J].中国青年研究，2011（10）：59-63.

②刘俊彦.当代中国城市青年状况调查报告[J].中国青年政治学院学报，1999（3）：27-33.

③邓希泉，李倢，陈庆梅.中国青年人口和青年发展统计报告（2017）[J].北京青年研究，2018（2）：14-25.

象[①]，受教育程度、收入水平、初育年龄、流动状况、婚姻状况、性别及文化水平等因素对城市青年实际子女数与理想子女数的差异有显著影响[②]。有学者以青年加入共青团和中国共产党来反映其政治参与的积极性，青年发展党员成为年度发展党员的主体，学生党员发展趋势有所放缓，研究生阶段党员比例持续增加。[③]

综上所述，我国的青年就业问题研究主要集中于宏观青年就业分析、大学生就业、国外经验的介绍、促进青年就业的宏观对策。这些研究主要是描述性、现象性的分析，以定性分析为主，缺乏必要的数据支撑，这与我国相关数据资料的缺乏，尤其是分年龄、分地区数据缺乏有关。[④]

二、群体范围与调查方法

本次调查的城市青年，是指户籍为甘肃非农业户籍或者在甘肃城市工作的青年，年龄在14～35岁，职业不限。

本次调查主要采用发放调查问卷、深度访谈和座谈会三种方法相结合的收集资料方法。鉴于城市青年的发展状况有别，传统的调查问卷方法并不完全适用。综合考虑全省地理格局、各地市（州）人口规模、经济发展水平、人口流动性等因素，选取了14个地区作为本次数据采集的地点。调查问卷发放采用网络电子问卷和纸质问卷两个途径进行。纸质版采用等距抽样和配额抽样方法，共发放纸质调查问卷500份，确认有效问卷492份。电子问卷收到2780份，确认有效问卷2665份。在本次调查的3157个有效样本中，被调查者的平均年龄为27.2岁。性别方面，男性占45.3%，女性占54.7%。婚姻状况方面，有配偶的占49.2%，未婚且有男朋友（女朋友）的占14%，未婚且无男朋友（女朋友）的占35.5%，离

①宋健，陈芳.城市青年生育意愿与行为的背离及其影响因素——来自4个城市的调查[J].中国人口科学，2010(5)：103-110.

②风笑天.青年个体特征与生育意愿——全国12城市1786名在职青年的调查分析[J].江苏行政学院学报，2009(4)：62-68.

③邓希泉，李倢，陈庆梅.中国青年人口和青年发展统计报告(2017)[J].北京青年研究，2018(2)：14-25.

④秦建国.我国青年就业问题研究综述[J].青年探索，2006(4)：24-28.

婚的占1.1%，丧偶的占0.2%。教育程度方面，小学及以下占7.5%，初中占26.3%，高中（高职或中专）占31.6%，本科（大专）占28.8%，硕士及以上占2.1%。政治面貌方面，中共党员占32.7%，共青团员占40.2%。个人月平均收入方面，无收入的占0.5%，500～2000元/月的占7%，2001～3500元/月的占34.6%，3501～5000元/月的占24.7%，5000～10000元/月的占5%，超过10000元/月的占1.19%。

深度访谈主要在每个调研地点派出访问员，访谈至少3个城市青年，就城市青年的发展状况展开结构式、半结构式访谈，进行深入、广泛畅谈，每次访谈时间不少于2个小时。

座谈会由具体负责人主持会议，采用开放式自由发言。每个调研点至少召开3场座谈会，每次座谈会不少于15人，包括城市创业青年、自由职业青年、固定职业青年、待业青年、共青团委员会工作人员、较长时间连续稳定地在城市工作的其他行业人员。

三、甘肃城市青年的主要特点及存在问题

（一）学历与学习

从学历水平看，甘肃城市青年的整体学历层次不高。其中，获得本科（含大专）学历的青年占67%，硕士及以上仅占6%，小学学历所占的比例为1%。调查显示，少数民族中女性青年的学历水平整体偏低。对于这一现象，有关部门需要引起重视。

与此同时，大多数城市青年在工作和创业的过程中遇到挫折和困境后，逐渐意识到学历对自己未来发展有重大的作用和意义。尤其在普遍渴望追求稳定就业的时候，学历往往成为一些城市青年无法逾越的门槛。31%的城市青年希望将自己的学历提升到本科，有意愿提升到硕士研究生和博士研究生的被调查者比例相加达到了63%，说明他们对通过教育提升个人素质和能力有着清醒的认识。但是，在获得本科及以上学历的部分青年中，有人会拿自己与学历低但收入高的青年做对比，得出学历并没有给自己带来好工作、高收入的结论，这部分青年会陷入能力、学

历、收入等因素的困扰中难以挣脱。

（二）知识获取与技能习得

调查显示，甘肃城市青年对新知识比较渴望，也有部分青年认为能力比学历重要，但他们又缺乏自主阅读、主动学习的意识。对调查样本分析显示，只有36.75%的青年表示自己能够利用闲暇时间主动规划自主学习新知识。63.25%的被调查者缺乏主动学习意识，平时并未意识到知识的重要性，当面临紧急事件，利用现有知识和能力并不能马上解决时，才会意识到学习相关知识的重要性。在被问到“是否参加过成人教育的培训”时，53%的被调查者表示没有参加过，说明他们普遍缺乏职业技能培训，但是深度访谈结果显示出他们对此又有着强烈的需求。在被问及希望得到的培训类型时，位于前两位的回答分别是综合能力提升培训（占31%）、兴趣爱好培训（占29%），两者相加总和达到60%。只有18%的被调查者选择了提升学历。这表明在学习知识、提升学历与学习实用技艺之间，城市青年更侧重后者，以此增加创业、就业的筹码。换言之，甘肃城市青年普遍对短线实践操作训练比较热衷，对长线理论知识学习比较冷淡，学习的功利取向较为明显，学以致用的特点十分突出。

在访谈调研中，对于“学习中遇到的最大困难”，城市青年反映最多的困难是时间紧张，忙着挣钱，没有时间学习。然而，调查问卷数据分析却显示，影响农村青年学习的前两位因素分别是“工作忙没时间”（37%）、“基础差、学习吃力”（18.5%）。综合各种因素分析，缺乏自主可持续学习的动力和能力才是影响城市青年学习的最重要的影响因素。“没有良好的学习氛围”（18.3%）、“经济紧张”（14.9%）的比重并不算太高。

（三）就业与创业

甘肃城市青年的就业状况数据显示，就业观念整体上仍较为保守，就业意愿主要以尽力考取本地体制内稳定职业为主，不愿进入小型私企从业，辅之以自主创业，但又认为创业存在巨大难度和风险，缺乏足够的信心和勇气。在回答“目前从事的职业吸引你的主要考虑因素是什么”时，占前两位的因素分别是“工作稳定”（53.7%）、“离家近”（28.8%），足见目前甘肃城市青年的就业观念仍以稳定为主。至于其他的影响因素，排序从高到低分别为：适合自己的能力（18%）、有发展前景（6%）、有成就感（5.4%）、收入高（5.3%）、福利好（5.2%）、社会地位高（3.7%）。

在工作的更换频率方面，城市青年更换的频率并没有想象中的高，而是相对比较稳定。5年内从未更换过工作的占55.5%，更换过一次的占9.6%，两者相加达到65.1%。更换过2～3次的占5.6%，更换过4～5次的占0.6%。

就业渠道方面，位居前三位的分别是参加国家招聘考试（占48%）、参加招聘会（占14%）、学校直接分配（占16%），反映出甘肃城市青年在就业意愿上求稳的心态仍十分明显。若有条件和机会，还是会尽可能考取体制内稳定职业，此外也会选择通过参加本地企业的招聘来寻找工作。当然，我们也应看到甘肃城市青年求职方式多元化较为明显，包括参加招聘会、到招聘网站等多元平台寻找机会等，他们已经意识到“等、靠、要”是很难解决自身就业问题的，就业主动性逐步提升。

对就业路径认知比较积极，显示出符合市场经济时代的现代化思维特征。在被问及“你认为找一个好工作主要依靠什么”时，被调查者的回答中排在前三位的依次是“个人能力强、素质好”（占43.5%）、“有一定的工作经验”（占17.86%）、“有文凭、学历高”（占16.23%），显示出当代甘肃城市青年对目前就业形势和就业市场的把握较为准确，就业渐趋理性和积极。

对于“有机会，就去创业”的提问，甘肃城市青年回答“非常同意”的占17.4%，“同意”的占26.9%，两者合计达44.3%，“一般”占23.9%，显示出甘肃城市青年对自主创业有较强的认同。可见，甘肃城市青年中具有创业意愿的比例并不低，但是通过访谈进一步得知，能够寻找到合适项目，筹措到创业资金，并且最终坚持下来直到创业成功的比例不是很高。接受访谈的大部分青年认为造成此种现象的主要原因包括：（1）获取和利用现有创业优惠政策信息的能力不足，部分创业相关优惠政策具有封闭性；（2）受限于自身文化水平、创业知识缺乏和相关培训较少，导致创业缺乏技术支持。

（四）婚恋与生育观念

根据调查问卷可知，甘肃城市青年的初婚年龄平均值在25.4岁左右，占到了46.2%，与农村青年相比，城市青年初婚年龄偏晚。座谈会和访谈都显示，造成当前城市青年初婚年龄推迟的原因可能包括：（1）经济收入较低、购房压力大；（2）合适的结婚对象比较难觅。

婚恋观日趋现代化。调研数据显示，甘肃城市青年较为崇尚以感情为基础的自由婚姻，反对父母完全包办，追求婚姻质量。在回答“在择偶的过程中，你最看重下列哪些因素”时，排在前三位的依次是：共同爱好（占42.5%）、生活习惯（占38.6%）、受教育程度（占29.3%）。其他依次为：外表形象（占22.3%）、父母态度（占20.1%）、经济收入（占18.2%）、家庭背景（占14.2%）、身体状况（占12.4%）、需求互补（占9%）、地域差异（占3.6%）。这显示出甘肃城市青年在择偶过程中趋于理性成熟，比较注重双方的相似性，关注对方的素质、内涵。但也应看到，父母态度、经济收入、家庭背景三个传统婚姻择偶因素所占比例都超过了15%，说明传统观念仍有一定的影响力。受主客观因素的影响，甘肃城市青年初婚年龄推迟，在“婚恋市场”搜寻匹配的过程受阻，陷入了各方面条件是否合适与是否存在“感觉”这二者的双重纠葛之中。

对婚姻的认识理性和包容兼具。相当一部分甘肃城市青年认为婚姻只是一种生活方式，尊重婚姻严肃性的同时，不反对婚前性行为。具体表现在：认可“婚外情”的只占2.5%，态度中立的占12.9%，反对的占84.5%；认可“一夜情”的只占3.7%，中立的占16.3%，反对的占80%。大多数人能够理性看待和理解身边的离婚现象，并指出如果有朝一日面临这一问题，也会理性看待，不会认为离婚是人生的巨大失败。在回答对于现代社会多种生活方式的看法时，认可“丁克家庭”的占11.6%，中立的占32.4%，反对的占56%；认可“只同居不结婚”的只占7.1%，中立的占23%，反对的占69.9%；认可“同性恋”的占7.8%，中立的占22%，反对的占70.2%。

婚后不热衷与双方老人同住。对于婚后是否与双方老人同住的问题，主要采用座谈会方式进行，城市青年婚后大多不希望与老人同住，但希望距离不要太远，可以经常走动。比较集中、具体的回答主要包括：如果自己暂时没有能力单独买房，则不得不和父母同住，如若有能力购房还是会单独住。无论选择单独住还是跟父母同住，均表示期望父母帮自己照看孩子。

生育意愿趋于理性。城市青年最多选择生育2个小孩，主要考虑因素是教育和经济等方面。在甘肃城市青年的生育意愿调研中发现，在“最多生育几个孩子”这个问题的回答上，63%的城市青年选择2个，生育2个小孩的选择不排除与全面放开二孩政策有关。选择只生育1个且孩子性别无所谓的占21%。决定不再多生育孩子的主要考虑因素前三位分别是：经济因素（占38%）、孩子教育问题（占18%）、无人照看（占25%）。由此可以看出，甘肃城市青年的生育意愿逐步趋于理性，已不过分追求“多子多福”，子女性别上也不会太过分追求生育男孩。

重视亲子关系的培养。相当一部分城市青年能够认识到家长陪伴对孩子成长的重要作用。在被问及“如果生育子女你会选择哪类抚养方式”时，34%的被访问者表示要“在目前的工作地自己抚养和教育”，16.03%的被访问者回答“在目前的居住地由老人抚养和教育”。考虑到在目前的居住地由老人抚养和教育实际上是年轻人与老人同住，年轻父母下班回家也参与了亲子教育，这两类回答其实在实践中比较相近，总和达到50.03%，说明甘肃城市青年比较重视亲子关系的培育。但由于调查问卷中该题测量的只是一种抚养关系的主观意愿，而不是实际存在的亲子关系抚养事实，在实际的调研中，座谈会和访谈反映出来的情形是，由于城市工作繁忙，工作压力大，经常加班或出差，导致父母一方甚至父母双方陪伴自己孩子的时间十分有限。相当一部分小孩仍由隔代或母亲抚养和教育。可喜的是，甘肃城市青年已经非常重视亲子关系，而且非常关注子女教育问题，意识到有限的教育资源给自己带来的困扰和压力。

（五）消费与理财

在甘肃城市青年消费观念的调研上，被调查者中“月光族”占到45.6%，收支相抵者占29.1%，收入大于支出者占25.3%。尽管男女两性存在一些差异，主要表现在消费支出项目构成和对消费品质量与价格侧重等方面，但总体来说，甘肃城市青年的总体消费观念较为理性谨慎，但也会有超前消费和入不敷出的现象。

对于甘肃城市青年的日常开支花费构成情况的调查显示，在日常开支花费中，饮食占绝大部分（为总支出的57.4%），这显示出甘肃城市青年的收入水平整体偏低。在购买衣服、化妆品等方面的花费位居其次（占总支出的30.2%），说明甘肃城市青年较为注重自身的穿衣打扮等外在形象。紧随其后的就是抚养子女的支出（占总支出的30.1%），说明抚养子女的花费是相对高昂的。用于居住方面的花费占总支出的28.8%，这再一次反映了房租、房价给青年人带来的巨大经济压力。此外，几项较大比例的支出包括：水电气及日用品（占总支出的25%）、休闲娱乐（占总支出的20.4%）、社交应酬（占总支出的18.62%）、医疗（占总支出的15.2%）。而购买贵重物品和奢侈品在甘肃城市青年的日常支出中占比最低，为1.5%，再一次印证了甘肃城市青年的收入和消费水平比较低的现实，主要将金钱花费在比较基本和必需的用度方面，以实用为主，基本能依据自身的收入情况进行合理的消费。当他们有多余的钱时会做简单理财，主要方式为较为稳妥和保守的银行储蓄。整体来讲，经济压力大是青年人当前面临的最主要问题。

（六）闲暇与娱乐

甘肃城市青年业余生活方式相较于农村青年有所丰富，但总体上仍比较单一，业余时间以吃喝、打牌、唱歌、闲聊等为主要休闲方式，其次为玩手机、打游戏、看电视、睡觉等。在访谈中，青年人表现出对高质量的休闲文化生活的渴望，如阅读、旅游、运动、文艺等，但由于种种原因并未真正地开展。虽然有43.8%的青年人在业余时间进行体育运动，然而实际的访谈中可知，他们是将饭后散步、遛狗、逛公园、家务劳动等活动也算在体育运动时间里。一些青年明白体育运动的含义，但他们表示上班、照顾老人、带孩子已经十分疲倦，根本没有时间、体力和心情进行体育运动，小区及公园的大多数运动器材也被老年人使用。部分城市青年则反映，业余时间即使想运动也没有场地，城市整体道路拥挤、空气污浊，没合适的运动场所，专业的运动场馆都收费，舍不得花钱。因此，政府在加大宣传力度、倡导健康文明的休闲方式的同时，也要尽可能多方面提供条件，让年轻人有更多的休闲活动场所。

甘肃城市青年的社会交往范围有限，基本集中于同事、同学、业务伙伴等，并以浅层交流为主。部分城市青年在业余时间会参与有共同兴趣爱好的“朋友圈”，如“驴友”“车友”“宝妈”等一些自发组织群体，但比例并不高。

（七）政治态度与社会参与

甘肃城市青年对时政有一定的关注度，有正确的价值观，但参与程度不高。“对政治事务的兴趣”回答不感兴趣的只有10.2%，完全不感兴趣的只有2.2%，二者总和12.4%，说明总体上甘肃城市青年对现实政治问题有一定的热情，但绝大多数城市青年对政治的态度是只关注不参与。如果以网络头条新闻评论作为考查指标，65.8%的城市青年表示对网络头条和新闻事件会采取只观看不评论的策略。深度访谈也表明，大多数城市青年对政治、公共事务存在观望心理，主动参与积极性较低。

城市青年的社会组织参与度不高。当被问及“你是否是工会、老乡会、公益组织、行业协会或休闲娱乐群体等组织的成员”时，排在第一位的是“不是任何组织的成员”（占45.8%），第二位的是“工会”（占23.1%），第三位的是“同学、老乡会”（占20.9%），“志愿者、公益组织”的比例为20.2%，“行业协会”的比例为11.8%，“休闲娱乐群体”的比例为9.7%，这说明甘肃城市青年把主要精力放在经济利益获取和个人事业奋斗上，局限在个人发展层面，对国家发展、国际政治外等的关注度、参与度明显不足。

（八）价值观与信仰

对外国、外国人的看法趋于客观理性。此次调研显示，甘肃城市青年生活在中外差距日益缩小的时代，他们见多识广，视野开阔，对多元文化有着天然的包容理性态度。在座谈中，绝大多数城市青年都认为，中国的发展越来越好，从具有出国留学、旅游经历的青年的讲述中可知，他们认为中国与国外的差距在缩小，有些方面甚至已经超越国外，能够深切感受到祖国和家乡翻天覆地的变化，具有强烈的民族自豪感。同时，他们表示可以出国观光旅游，与外国人交流交友，但选择出国工作、定居的青年并不多。

总体上对改革和发展持较高的认同。甘肃城市青年对改革开放后社会中出现的各种问题有客观清晰的认识，一致坚信困难与问题是我国在发展道路中难免遇到的曲折；深信发展会让国家越来越好。对于社会主义核心价值观和中国梦，他们大都能做到基本有所了解，认为当前加强道德建设十分必要，年轻人应该成为道德建设的先锋。此外，城市青年也更加关注民生，认识问题也较为客观深刻。

（九）青年工作与社会服务

目前，甘肃城市的青年工作主要由团组织承担，但业务比较薄弱，急需补强。座谈会反映了城市基层团组织工作不足主要表现在四个方面：其一，部分城市街道社区团支部数量少，影响力很弱，缺乏独立办公场地，大多只能与其他单位、组织联办活动；其二，部分基层团组织行政化色彩较浓，承担大量行政事务工作，团干部一个人身兼数职，导致工作目标偏离，本职工作投入受限；其三，工作人员数量少，经费紧张，主要满足日常行政开支；其四，部分青年对自身现阶段年龄是否适合参加团活动存疑，导致积极性不高。

部分基层团组织工作较僵化，缺乏吸引力。主要表现为：(1) 服务内容与青年的现实需求脱节。需要的活动没有组织，组织的活动不太需要，还要占用时间来参加。座谈会中不少城市青年表示，目前年轻人就业、创业压力很大，急需团组织在创业资金扶持、信贷优惠等方面有针对性地进行政策推送，期待提供落到实处的服务。此外，他们也希望多组织相亲活动解决自己的婚姻问题，还包括婚恋辅导、心理疏导、政策法律咨询等资源方面的现实需求。(2) 团组织工作人员流动性小，缺乏活力。长期固定在相同岗位的工作人员在精力、思想、眼界等方面都跟不上形势，再加上年龄较长，缺乏开展团工作应有的活力，对年轻人的吸引力自然不足。

甘肃城市青年有爱心，愿意承担社会责任，有奉献精神。他们对志愿服务并不排斥，而且有一些参与（占比38.1%）。在问及参与意愿时，67.36%的被调查者表示自己愿意参加。在深度访谈和座谈会中，青年也都纷纷表示非常愿意参加，志愿服务的热情很高。在回答“为什么要参与志愿服务”时，排在前三位的分别是“服务社会、推动公益”（占45.1%）、“丰富经验、自我成长”（占36.9%）、“认识志趣相投的朋友”（占17.4%）。从这些数据中可以看出，甘肃城市青年的志愿服务意识逐渐被唤醒，能够把寻求自身心灵成长的过程与承担社会责任结合在一起，富有爱心和善心，积极回报社会，价值观正确。

当然，愿意做志愿服务，不仅仅是一种意思表示。在实际的生活中，参与途径不多是甘肃城市青年参与志愿服务的最大限制因素。在深度访谈和座谈会上，很多青年都表示，自己愿意作为志愿服务的成员参与活动，但不知如何获取相关信息或者自己没有充足的时间来开展志愿服务活动。因此，需要相关部门做好组织引导，社会组织可以为公益事业搭建平台，让有志青年有机会参与其中，奉献爱心，回报社会。

四、对策建议

（一）关注教育资源，多维拓展阅读、学习空间

与甘肃农村青年相比，甘肃城市青年义务教育完成率明显较高，但在信息爆炸、竞争激烈的现代社会，各项工作均需要有相当高的知识水平支撑。甘肃城市青年有较为强烈的创业意愿，故需要更宽更深的知识来进行能力的转化和提升。在已完成义务教育和高中教育之后，部分城

市青年尚有继续提升学历的需求。社会工作者可以引导城市青年关注学历教育资源，抓住学习机会，提升学历水平。同时，倡导多种形式的阅读、学习方式，例如通过读书角、网络课程、知识讲座等形式多维拓展阅读、学习空间，相信城市青年的参与意愿会比较高。

（二）多方链接职业技能培训资源

接受一定的职业技能培训后在就业市场就有了一定的竞争力，在创新、创业方面开阔了视野，也增加了底气。因此，青少年社会工作者有必要为城市青年链接多方资源，加大其职业技能培训的深度和广度，争取为有职业培训需求的青年提供更多的机会。除了国家兴办的各级职业学校加大优惠招生力度外，各级政府还可以采取政府购买项目的方式，与社会各种民办教育机构合作，开展职业技能培训，加大对职业技能培训的补贴扶持力度，拓宽覆盖面，让更多的城市青年有接受职业培训的机会。

（三）引导就业观念、着眼职业发展

近几年，创新创业持续高热，大众创业、万众创新给了很多有梦想、有干劲的年轻人以舞台，创业也成为不少甘肃城市青年人的新选择。甘肃各级政府也加大了对青年创新创业的场地、资金、服务等方面的投入力度。多地相继出台了丰富多样的创业优惠政策，为青年实现创业梦提供了坚实保障。在就业空间上，作为西部地区的青年，在接受一定程度的教育之后，在有机会和条件的情况下，大部分甘肃城市青年认为就业就应到政府部门、党政机关或者国家的事业单位工作。这样的就业观念需要各相关部门对其进行多方引导，树立开放、灵活的就业观念，拓宽就业渠道，青少年社会工作可以作为专业力量对此展开介入。

（四）倡导情感重于物质的理性情感观

要从青少年社会工作视角关注甘肃城市青年的婚恋问题。针对目前存在的在恋爱、结婚过程中互相攀比、大操大办、铺张浪费等现象，一方面，社会工作者应当加大宣传教育引导力度，倡导文明、节俭风尚，婚事简办，减轻青年人及家庭的经济压力；另一方面，激发城市青年主动参与意识、征集节俭但有创意的案例，建立案例资源库供广大有需求的青年选择。最终目的是动员城市青年群体形成理性情感观，避免情感被不良价值观所影响，应倡导重视情感内涵的良好婚姻爱情观。

（五）多途径组织志愿活动参与

甘肃城市青年愿意承担社会责任，参与公益活动的积极性较高，但苦于没有参与的平台和机会，自己又缺乏主动发起、组织运作的能力。青少年社会工作应当关注他们的需求，发挥引领、培育的作用，充分挖掘潜力，将有志愿服务意愿的青年整合进相应团体和项目中去，让更多的城市青年在业余时间有机会参与志愿服务活动，充分发挥他们的专业特长、聪明才智，锻炼他们的心性和毅力，同时扩大他们的社交范围，链接在创业和婚恋等方面的资源，为未来发展积蓄力量，也倡导了助人为乐的良好社会风尚。

（六）重视对城市青年创业的引导和扶持

尽可能在工作中变被动为主动，建立信息平台，对信息实行及时定向，主动告知，公开透明。青年创业面临着更多的现实困难，需要社会各界扶持，不能任其自生自灭。首先，应当走近创业青年群体，具体了解他们的困难与需求，积极为其搭建资源平台，如从资金扶持、信贷补贴、政策优惠、信息推送、导师培训等资源予以点对点的扶持，多带领创业青年走出去参观访问，交流经验，吸取教训；其次，在创业青年内部形成互助小组，组织多类型创业青年积极参与，分享经验和教训，在互帮互助中共同进步；最后，从个案入手，多注重情感介入，在创意遇到瓶颈或挫折时，以专业方法引导创业青年纾解思想负担和压力，重整旗鼓后继续拼搏，助推其创业成功。

（七）着眼文化建设，丰富青年业余文化生活

为了更好地组织青年开展丰富多彩的文体活动，社会工作机构需一面抓活动阵地建设，一面努力充实活动内容，提高活动水平，使青少年社会工作越做越好。将照顾青年特点和兴趣爱好与“五讲四美”活动有机结合起来，传递有营养、趣味性、知识性的业余文化活动，吸引城市

青年广泛参与，以活动为契机对青年进行形象有趣的审美教育。青少年社会工作通过建构青年业余活动体系，使青年的兴趣得到健康发展，在喜闻乐见的文化活动中提高鉴赏能力，受到高尚道德情操的熏陶。同时，应避免青年人在疲于奔波之余，却无有意义的活动可参与，以致生活陷入空洞、无聊和乏味。

当然，以上对策要收到好的效果，一方面，需要政府部门加大青少年社会工作服务的购买力度，增加经费投入和项目、人员覆盖面；另一方面，参与甘肃城市青年社会工作服务的机构和社会工作者要在服务深度和广度上做出努力，同时链接优质资源，为高质量满足对象需求提供保障。

第七章
甘肃青年婚恋状况专题报告[①]

习近平总书记在十九大报告中指出，“青年兴则国家兴，青年强则国家强”。可以看出，作为国家的未来和民族的希望，青年一代发展的优劣不仅关系着个体及其家庭的兴衰，也关乎着国家与社会的长治久安。而在青年发展的过程中，其婚恋状况是不可忽视的重要环节。一方面，通过同“原生家庭”的剥离和新家庭的组建维护，青年人得以进一步深化自身的“社会化程度”，成为更有责任感的社会成员；另一方面，在“快速老龄化”的时代背景下，青年人的生育意愿将对未来三十年内国家的人力资源储备、创新和商业活力等产生决定性影响。因此，由“天价彩礼”“男女比例失衡”衍生出的结婚难问题决非简单的“个体困扰”，而是能够影响人口安全和社会稳定的重大“公共问题”。为此，课题组组织了本次关于甘肃省青年人口婚恋状况的调查，以期通过对甘肃省青年在择偶标准、婚恋状态、家庭观等方面的翔实调查，系统全面地把握甘肃青年在婚恋中呈现的特征与存在的问题，进而为政府的政策制定和社会组织的有效介入提供参考。

一、文献回顾

改革开放见证了中国社会从局部封闭的熟人社会走向流动的、异质

①本章由甘肃政法大学郑延瑾副教授撰写。

性的陌生人社会，而在此过程中，社会结构、人口构成、经济条件、社会观念等因素的快变性与社会规范、社会规则、风俗习惯、管理模式的慢变性使得一系列社会问题逐渐呈现集中性爆发态势。有学者认为，这种从传统到现代的社会更迭让身处其中的中国青年在婚恋模式和价值观上呈现出一种“边际人”特性，其具体表现为传统与现代的颉颃、理想与现实的落差、城市与乡村的对峙、东方与西方的冲突，以及积极与消极的共存[①]。因此，若想清楚认知青年一代对爱情、婚姻与家庭的看法与实践，就必须在社会转型的大背景下对青年人婚恋问题展开探究。

目前，学界关于青年婚恋状况变化的研究，主要关注以下三个方面：第一，以具体的婚恋问题如婚姻挤压[②]、婚姻支付[③]、因婚返贫[④]等为研究主题，关注问题包括形成原因、涉及群体、产生影响、生成机理等。例如，陆春萍等选取甘肃陇东地区W村，就农村地区的婚姻支付问题展开调研，研究发现随着沿袭已久的婚姻支付通过不断塑造和拓展由地方风俗上升为一种支付习惯后，这种婚姻场域内的支付习惯会在消费攀比等因素的影响下不断加大婚姻支付成本[⑤]。第二，关注涌现的新型婚恋模式如闪婚、试婚、跨省婚姻、女大男小婚姻等，着重探讨新的婚恋模式对家庭、婚姻及至整个社会发展带来了哪些影响（陈峰，2012年[⑥]；风笑天，2015年[⑦]；晏振宇，2006年[⑧]）。第三，聚焦青年群体择偶标准、婚恋

①秦晨.从《非诚勿扰》到《中国式相亲》:当代青年婚恋观的嬗变与挣扎——“边际人”及其“中国式相亲”——转型期中国青年的婚恋观与择偶行为[J].中国青年研究,2017(7):4-10.

②冯乐安,马克林.西北农村地区的婚姻挤压现状——基于青海省HY县S乡婚姻市场的实证研究[J].中国青年研究,2010(4):48-52.

③贾志科,沙迪,风笑天.性别失衡背景下当代青年婚姻支付问题研究[J].青年探索,2018(1):92-100.

④龚晓珺.试析青年农民“因婚返贫”的非正式制度致因及其整体协同治理策略[J].中国青年研究,2018(3):71-77.

⑤陆春萍,朱岳锋.西北农村男方婚姻支付实践研究——以甘肃陇东W村为例[J].兰州大学学报(社会科学版),2017(5):107-112.

⑥陈锋.“闪婚”与“跨省婚姻”:打工青年婚恋选择的比较研究[J].西北人口,2012,33(4):52-57.

⑦风笑天.“男大女小”的婚配模式是否改变——兼与刘爽、梁海艳等学者商榷[J].探索与争鸣,2015,1(3):35-39.

⑧晏振宇.城市青年试婚现象成因[J].当代青年研究,2006(1):44-47.

观念、家庭观念的转变。学者们一致认为，青年群体的婚恋取向正在从一元走向多元、从父母包办走向自主抉择、从传统保守到自由开放（陈慰，2010年[①]；贺雪峰，2017年[②]）。择偶标准方面，个人社会经济地位、学历、住房等物质条件的重要性愈发凸显[③]，与此同时，对个人品质、性格等内在要素的要求也有所提升。价值观念方面，尽管良性的家庭职责和婚姻道德仍然是社会规范强调的重点[④]，恋爱和性行为规范则开始逐渐趋于宽松[⑤]，人们对于离婚、同性恋等现象的包容度亦有所提高。家庭观念方面，生育观被作为探讨的重点内容，学者们分别从生育意愿、生育动机、理性子女数量、意愿子女性别等维度为低生育问题把脉问诊（风笑天，2017年[⑥]；风笑天，2018年[⑦]）。

应当说，“物质性恋爱”“闪婚闪离”这些随着社会急速变迁出现的婚恋问题已经得到了来自社会学、人口学、经济学等多学科领域学者的关注，通过定量与定性相结合的方法来探析人口结构、经济条件、社会观念、交际方式、家庭压力等多重因素对青年群体择偶观、婚恋观、家庭观的影响，这些也已成为一个持续的研究热点。

二、群体范围与调查方法

为获取甘肃青年婚恋状况的第一手数据，了解不同类型青年的择偶观念与婚恋状态，课题组采用定性与定量相结合的混合式研究策略，力图在大样本问卷调查的定量分析基础上，借助焦点小组座谈与深入访谈等质性材料来对定量数据有所疏漏的地方进行补充。

---

①陈慰.建国六十年来青年婚恋变迁历程分析及其当代引导[J].青年探索,2010(1):58-62.

②贺雪峰.巨变时代的中国农村婚姻变迁[J].云南行政学院学报,2017(4):4-4.

③张翼.中国阶层内婚制的延续[J].中国人口科学,2003(4):39-47.

④徐安琪.世纪之交中国人的爱情和婚姻[M].北京:中国社会科学出版社,1997:106-107.

⑤张翼.中国当前的婚姻态势及变化趋势[J].河北学刊,2008,28(3):6-12.

⑥风笑天.从两个到一个:城市两代父母生育意愿的变迁[J].南京大学学报(社会科学版),2017(4):74-87.

⑦风笑天.二孩生育意愿:从“假设”到“现实”有多远[J].新疆师范大学学报(哲学社会科学版),2018(1):115-123.

课题组总计组织了12场小组座谈（每地最少3场，每次至少15人），就婚恋话题与不同年龄、不同婚恋状况的青年展开对话，以求全面动态地了解甘肃青年对目前自身婚恋状况的看法。焦点小组座谈的主持人为高校社会学方向任职教师，有丰富的访谈经验，谈话时间基本保持在1～2个小时，谈话过程中全程录音，座谈结束后访谈者会根据文本记录和谈话录音对访谈资料进行整理和梳理。

问卷设计由课题组负责，具体的问题设计立足于前期大量的文献搜索与预访谈材料梳理。本次问卷调查覆盖了全省14个地级行政区划单位，即兰州市、金昌市、白银市、天水市、嘉峪关市、张掖市、武威市、酒泉市、定西市、平凉市、庆阳市、陇南市、临夏回族自治州、甘南藏族自治州。调查采用电子问卷与纸质问卷填答相结合的形式，调查对象年龄为18～35周岁，在甘肃省居住、生活或学习半年以上的社会在职青年和待业青年。调查内容主要包括人口信息、家庭信息、婚恋观念、住房状况等。将调查人群分为已婚、未婚有恋爱对象、未婚单身、离婚、丧偶5类，共回收有效问卷6010份，样本有效回收率为97.8%。

根据等距抽样和配额抽样的总样本，课题组有针对性地选取了部分具有典型性的甘肃青年展开深度访谈。访谈地点上，在综合地理区位、经济要素、人口规模等要素后，抽取兰州、临夏、天水、张掖作为质性研究的重点调查区域。深入访谈以一对一的方式进行，主要就问卷调研中涉及的恋爱途径、婚姻状况、子女等内容展开深入探究，以期对定量数据分析中的趋势进行细节补充。

三、甘肃青年婚恋的主要特点

在所有被调查者中，男性占48.9%，女性占51.1%。未婚者占70.77%，已婚者占28.46%，离婚和丧偶的占0.77%。调查对象的教育水平以高中（高职或中专）和本科（专科）生为主。从职业情况来看，有44.74%的被调查者为社会在职青年。户籍方面，有38.9%的被调查者为甘肃非农户籍，58.09%的被调查者为甘肃农业户籍，1.06%的被调查者为外地非农户籍，1.95%的被调查者为外地农业户籍。调查中涉及青年婚恋家庭观念的内容包括：择偶条件、理想子女数，以及对同性恋、婚外情、一夜情、丁克等社会现象的态度。调查结果基本反映了当前甘肃青年婚恋家庭观念的现状与差异。

总体而言，面对新时代下婚姻理想与现实之间的低兼容、弱匹配问题，身居内陆的甘肃青年在保持积极乐观态度的同时，在婚恋观、家庭观、生育观上表现出一种相对守规守距、求稳审慎的姿态。具体来看，婚恋观方面，甘肃青年大多秉持着内在与外在并举的择偶标准，他们既追求“三观一致”，也考虑“门当户对”，还注重“感觉”的匹配。值得注意的是，高房价、高彩礼的重压与低收入、高压力的生活现状正在消弭年轻群体缔结婚姻的积极性与可能性，这有可能导致中国青年进入不结婚、无物欲、低增长的“低欲望社会”状态。家庭观方面，已婚和未婚群体均表现出对美满家庭生活、稳定婚姻关系的较强渴望，婚恋关系中的责任感成为大家一致强调的特质，对独身、丁克、同性恋等现代化伴生现象的包容度亦有所提升。生育观方面，生育意愿与生育行为间的差距正在越拉越大，“想生没钱养，生下没人带”俨然成为困扰青年育龄夫妇的难题。此外，已育青年群体的养育理念也在悄悄转变，品质化培养、陪伴式教育开始成为年轻父母的新追求，这也在一定程度上降低了再生育一胎的可能性。

（一）“一动不动，万紫千红”：物质围困下的婚姻

“安居乐业”在中国社会中被视为家庭生活理想状态的象征，而“居”代表的住房现已成为我国家庭组建中的必需品。在当前被媒体热炒的“一动不动，万紫千红”这一民间俗语中，“一动不动”借指车子、房子，“万紫千红”借指彩礼，这些已然成为青年尤其是男性青年迈向婚姻生活的拦路虎。在我国传统的婚居安排中，男方通常为婚姻的物质承担者，结婚所需的费用如住房、汽车等大多依靠男方一己之力来完成。目前，这种物质要求让有适龄未婚男青年的家庭负担过重。在此次调查中，有60.5%的调查对象认为当前家乡结婚的彩礼为年轻人带来了很大的负

担。当问及“近半年让自己困扰的事项”时，住房、婚恋两者占比总和超过了30%。

在这其中，较城市同伴而言，农村青年要背负更重的结婚包袱。从经济水平来讲，农村户籍青年的社会经济状况和家庭整体资源上更处于弱势，但他们所需准备的彩礼反而更高。一位访谈对象提到，在当地，“农村结婚彩礼要20万起价，还不包括首饰、衣服、房子，男方家里没钱根本别想娶上媳妇。家长压力大，早早就不让上学，女孩子小学毕业马上让干活挣钱，帮着家里给男孩娶媳妇”。由此可见，对于资源有限的农村家庭来说，男性青年的婚姻往往要靠牺牲家中女孩子的利益来达成。而“读书无用论”的下沉弥散，又进一步削弱了农村青年接受高等教育的可能性，所谓的“早出来早赚钱”的实用哲学推使这些青年早早从“家庭”走向“社会”、从“学校”走向“工厂”，并长期从事低工资的劳力性工作。另一位访谈对象说，身边认识的同龄人“大部分上到初中毕业，没文凭，没技术，到城里只能干一些粗活，反正工资都不高。高一些的就是建筑，可是每年都拖钱（指欠工资）不给，我们也不敢得罪人，不敢一直要，那样就更找不到活儿啦”。可以说，较低的受教育程度不但降低了这些农村青年寻觅高薪资工作的可能性，更使得他们在劳动力市场上缺乏充足的议价能力与议价空间，当面对不公平对待时，“养家糊口”的重担会让多数人选择忍气吞声而非主动维护自身合法权益。

此外，在本次调研中，有43.86%的受访者表示自己目前还与父母同住，有近28%的人居住在集体宿舍，仅有15.46%的人在自购房独立居住。有访谈者表示，尽管在结婚彩礼方面城市青年的压力要小于农村青年，但城市青年对房屋的需求更为迫切。近些年，物价与房价快速上涨带来结婚与购房支出呈现高增幅，使得适龄男性青年在钱财上陷入捉襟见肘的窘境。而且，当下购房已不单单是自身居住的需求，还要考虑未来子女上学以及父母同住等多方面要素，这对城市男性青年而言，无疑是更大的身心压力。面对物价与房价的双涨幅，不少受访者表示现在“干得多挣得少”“入不敷出”是自己的生活常态，规模性调查数据也显示，眼下有75.87%的甘肃青年月平均收入不足5000元，甚至有44.48%的人的工资是2001～3500元。

相较于城市青年，身处经济水平相对落后的农村地区青年，其商品化购房需求相对较低（自建房、住房改造或易地搬迁），但“越穷彩礼越高”的现实使得他们初婚年龄更早、结婚压力更大，因此在部分男女比例失衡的地区，有限的“女娃”们俨然成为亟待争抢的稀缺资源。而在城市，与父母分住的“多一套房”需求和子女就读的“学区”问题让买房成为困扰城市青年的难题，动辄上万的房屋均价与不足5000元的月薪资水平间的强烈反差让众多城市青年陷入苦恼。而对于那些通过自身努力在城市安家落户的农村户籍青年，这一压力则会被进一步放大，若未能得到强有力的代际支持，要么“望房兴叹”，要么沦为“房奴”。因此深度访谈中，众多受访者将学历提升和专业培训视作自己“翻身”的希望。

（二）多元化的择偶标准与“门当户对”的择偶观

在“婚姻市场”中，男女都会倾向于依据自己的标准来选择另一半，这些标准在不同社会时期会有所变化，如20世纪50年代的工人、60～70年代的军人、80年代的知识分子。根据调查对象在择偶时对不同因素（个人品质、共同爱好、教育程度、生活习惯、外表形象、父母态度、身体状况、需求互补、经济收入、家庭背景、地域差异等）的偏好来看，个人品质是甘肃青年择偶过程中最为看重的因素，其次是共同爱好、教育程度、生活习惯、外表形象等。

能够看出，相较于过去略显单一的择偶标准，现代青年的择偶标准更为多样，且对配偶的个人品质、共同爱好、受教育程度等内在品质有了更高的要求。尽管“外表形象”这一要素仍然发挥着一定作用，但并不占据主导地位，是不是“三观一致”、是不是“人品好”、是不是“有责任心”等内在标准正在成为大部分甘肃青年选择结婚对象的一致性考量因素。在焦点小组访谈中，一位未婚调研对象结合父母失败的婚姻经验，谈到如若自己要组建家庭，最看重的还是要“三观一致”，认为三观不一致导致家庭不和睦从而不利于孩子的成长。这在一定程度表明，青年人婚姻质量的高低对其子女的成长以及幸福观的建立存在较为明显的影响。

访谈中，不少受访对象对“门当户对”这一中国传统婚配观念表现出较强的认同感。有访谈者提到“门当户对很重要，生活中琐事多、矛盾多，要互相包容，若是不包容就会出现问题。结婚不光要看人品，还应该听取家里老人的意见”。而这种门当户对的定义在城市青年择偶标准中被进一步具象化，如是否为体制内工作人员、是否拥有大学学历等。还有访谈者提到，地方“就业岗位少、竞争压力大，在政府机构工作是一件很自豪的事”，男女双方都有工作是优质婚姻的要素。这种具象化标准也得到了部分女性受访者的认同，一位女性访谈对象指出，自己在寻觅另一半时，“首先要有正经的工作”。这种对稳定工作的偏好一方面表明这类青年对另一半的学历要求至少在大专以上，这在某种程度上降低了双方因受教育程度的差异而导致的婚姻风险（如沟通障碍、三观不合等）；另一方面，甘肃青年在就业上对于“体制内”工作的偏好有可能对初婚年龄推迟有所影响。根据调查问卷可知，甘肃城市青年的初婚年龄平均值在25.4岁左右，占到了46.2%，与农村青年的初婚年龄相比，要晚3～4年。

而对于受教育程度略低的农村青年来说，他（她）们对结婚对象的要求更为朴实。有一男性受访者说道：“希望对象和我有共同爱好，学历为高中以上，想要两个孩子。”另一位男性受访者则从多个维度表述了自己对另一半的偏好：“希望对象是有责任心、孝敬父母的人，因为我好强，因此我希望找一个比我更好强的人，还想有两个孩子。”可见，农村男性青年找对象除了关注“过日子”这一品质外，也会表现出较城市青年更强的生育意愿，多数农村地区访谈对象都明确提到自己想要两个孩子，但对后代的性别不强求，一男一女更好，两个女孩也行。可以看出，在甘肃部分农村地区，婚姻制度依旧保持着“传宗接代”的婚姻社群模式，婚姻与生育尚未完全实现分离。

（三）“全面二孩”政策激励下的子女生育意愿

自2016年全面“二孩”政策出台至今，生育政策调整的主要瞄准对象为“80后”“90后”育龄夫妇，但他们并未按照政策预期的那样积极生育二孩。是什么在掣肘青年夫妇的生育行为呢？研究青年群体的生育意愿和生育偏好无疑能准确地回答这一问题。

在调查中，对于“心目中理想子女数目”，选择“1个”孩子的占总调研人数的30.9%，这其中对性别表示无所谓的有21.2%，另外分别有4.98%和4.64%的调查对象明确表示想生1个男孩或1个女孩。64.28%的人认为自己理想的子女数为“2个”，选择“生育3个及以上”和“不生育”的占比分别为2.32%和2.5%。从调查结果看，甘肃青年平均理想子女数为1.66个，如果在不考虑生育政策限制的前提下，近65%的人认为一对夫妇应该有2个孩子，由此得知大多数甘肃青年的理想子女数为2个。

但生育意愿和实际生育情况之间还是存在差异的。在调查过程中，课题组发现，当被问及是否会生育二孩时，多数人表示经济考量（40.93%）、子女教育（21.15%）、看护问题（17.9%）是最大的顾虑，所以具体生育情况要“到时候再说”，如果“经济允许”“父母身体还行”“自己精力顾得上”的话才可能考虑。这一研究结果也得到了《甘肃省人口发展规划（2016—2030年）》数据的支持，2015年甘肃省人口出生比率为1.3%，2018年降低至1.218%。可以看出，尽管拥有较强的生育意愿，但当下高昂的生育成本和养育成本让众多甘肃青年望而却步，不少青年群体认为二孩生育不仅会影响家庭生活品质，也会影响已有子女的培育质量。如某男性受访者被问及自己对二孩政策的看法时，表示自己虽然支持这一政策，但不会生二胎，因为生孩子相对容易，没人带的问题也可以解决，但最主要的还是陪伴，缺乏陪伴的孩子可能存在亲子关系问题，孩子长大后不愿与家长沟通就会产生诸多麻烦，另外就是孩子的教育问题。另一位女性受访者也表示，虽然自己喜欢孩子，也已经是一个12岁孩子的母亲，但不会再考虑要二胎：“我要有自己的生活，因为按女性的平均寿命来说是75岁，折合成天数是27375天，一般不超过30000天，所以我想有我的生活，因为人生不长。”

随着“优生优育”观念的深入人心，越来越多的青年一代开始走出“多子多福”的追求，由追求数量转向追求质量，主张陪伴式教育，并愈发关注子女的健康成长。随着社会解放和女性个人意识觉醒，传统观念中承担抚育任务的女性开始走出家庭，成为职业女性，这也让个性解放和男女平等成为她们的价值追求，越来越多的女性除却追求更好地照顾孩子之外，也对自己的生活品质和人生追求有了更明确的认知。

（四）崇尚自由的婚恋观与熟人社会下的恋爱途径

过去的包办婚姻讲究“父母之命、媒妁之言”，年轻男女可能素未谋面就得相伴一生。但时代的快速变迁正在逐渐改变甚至颠覆青年的恋爱方式以及结识途径。在课题组开展的多场座谈会与深度访谈中，几乎所有受访者都表示自己“不接受完全包办婚姻”，要看“感情”，讲“缘分”，寻求“三观一致”。

在同另一半结识的途径上，各有差异，但多属于一种熟人社会下的传统恋爱途径。有农村受访者提到，自己和另一半“从小就认识，是一个村里的”，父母就住在附近，可以经常回家照顾家人。现在村里的年轻人相亲的不少，结婚前多少都了解一些，没有包办婚姻，结婚基本都有感情基础，同时也很看重对方的性格和脾气秉性。由此可以看出，在现代婚恋中，感情基础和两人相处的感觉等精神层面的因素比外表形象这一外在条件更受年轻人关注，就近的“在乡婚恋”“返乡婚恋”是农村青年更为偏好的方式，这也和学者尹子文的研究结果一致[①]。农村青年的“通婚圈”往往会局限在自己所在县（市）周围，甚至男女双方家庭相隔不会超过10公里[②]，这既是从生产生活因素方面的理性选择，也是通过“知根知底”来规避婚姻高风险的一种民间智慧。

---

①尹子文.第二代农民工婚姻家庭问题探析[J].中国农村观察，2010(3)：13-23.

②李永萍.北方农村高额彩礼的动力机制——基于“婚姻市场”的实践分析[J].青年研究，2018(2)：24-34.

除却上述提到的“青梅竹马”形式之外，通过上学和别人介绍也是常见的恋人结识途径，有受访者表示自己和另一半很早就相识了。多数人不反感通过“相亲”的形式去结识自己的另一半，甚至会主动参加相亲，“毕竟生活圈子比较小，相亲也是一种认识人的途径，说不定就碰上合适的人了”。此外，对于通过网络途径（手机交友APP、婚恋网站等）来寻觅缘分，甘肃青年保持了相对中立的态度，也有已婚受访者表示自己和另一半就是从网络恋爱走向现实婚姻的。

值得一提的是，繁忙的工作任务和较强的工作压力在不断降低年轻人结识异性的积极性和可能性，“沉迷工作、无心恋爱”这一网络戏谑词汇正在成为青年一代的真实写照。65.41%的甘肃青年认为，工作给自己带来了比较大的压力，这种压力主要体现在工作责任大（61.32%）、专业知识不够（33.51%）上。一位未婚的城市青年表示虽然有固定双休日，自己却“需要经常加班，临时性工作很多，竞争压力很大”。另一位在民营企业做医疗服务的女性受访者（21岁）也提到自己“经常加班，没有单双休，加班基本常态化，但每个月收入就3000元左右，根本不够花，下班后有限的时间里在手机上看看新闻、看看电视就要早睡了”。

（五）审慎的婚姻态度和强调责任的婚姻观

面对当前物质诱惑过多、婚姻稳定性较差、婚姻责任意识弱化带来的“闪婚闪离”“一夜情”“婚外恋”等社会问题，很多人表示出对这种行为的不赞同。未婚青年虽然面临着被父母“催婚”的压力，但大多数未婚青年表示对恋爱和婚姻都要采取审慎的态度，毕竟“婚姻是为了满足未来更好的生活，结婚不能随便许诺”，很多受访者期望能组建稳定的婚姻关系。

在对身体健康、工作优异、朋友知心、家庭温暖等10个事项打分时，“家庭温暖”这一项以8.8分高居各类选项之首，之后依次为身体健康、朋友知心。这表明，甘肃青年对和谐婚姻关系和幸福家庭生活的重视程度相对较高。但就婚恋审慎态度的具体理解上，未婚青年和已婚青年还存在一些差异。

对未婚群体而言，这种审慎态度体现在对恋爱与婚姻的态度上。不少未婚女性表示出对当前如闪婚、一夜情、选择高富帅和白富美等价值取向的不赞同，有受访者表示，“恋爱和婚姻都要谨慎，不要随便开始一段感情”，“一开始进入错误的恋爱，会导致错误的婚姻，恋爱不合适，会导致婚姻失败。如果有小孩了就有了责任，并且责任重大”。为此，部分青年表示自己在寻觅另一半时，会参照父母或身边亲人的意见，甚至让父母替自己把关，并不会一意孤行。而对于危险系数较高或是更为开放的性关系，如婚外恋、一夜情等，甘肃青年的认同度较低。具体来看，认可“一夜情”的只占3.13%，中立的占12.8%，反对的占84.07%。而有88.14%的被访者对“婚外情”持反对态度。深度访谈中，有人表示对于婚姻中出现的“第三者”问题，坚决保持零容忍，仅有2.11%的人认可婚姻关系外的恋情，9.75%的人持中立态度。而对美好家庭生活的向往也让甘肃青年对同性恋、婚前同居表现出较强的反对意向。认可“只同居不结婚”的只占5.22%，中立的占20.33%，反对的占74.45%。认可“同性恋”的占5.87%，中立的占20.48%，反对的占73.65%。当提到“独身”这一状态时，更多的人持中立和支持的态度，二者相加的占比为73.88%。这一方面可能是由于被调查对象中有53.43%的人正处于“未婚单身”状态，另一方面也表明处在信息化时代的青年可能更偏好“宁缺毋滥”，他们既要追求内心“感觉”的匹配，又要兼顾物质条件如工作、学历上的“势均力敌”。

已婚的青年群体则更强调婚姻中的责任感，个体是否能够积极承担婚姻关系中产生的权利与义务的责任行为，常被作为个人婚姻观成熟的体现。一位30岁的已婚女性在谈及自身对婚姻与爱情的理解时表示，大多数人都要经历恋爱和婚姻，人们憧憬浪漫甜蜜的恋爱，但对于婚姻，更多的是责任，比如女性除了工作之外，还要照顾好孩子的饮食起居，夫妻相处融洽、和谐也是非常重要的。可见，在甘肃部分已婚女青年心里，婚姻责任被具象化理解为在工作之余要尽可能兼顾家庭事务。孩子则被默认是婚姻生活的一部分，这种内化的理解和认知在一定程度上导致了人们对“丁克”这种生活方式的反对声音，有60.32%的人表示反对，中立的占30.82%，支持的占8.86%。

也有人提到了婚姻不仅仅是责任，还需要双方多努力、多忍耐，“忍耐是维持婚姻和谐必要的素质，我们在婚姻里有矛盾、有拉扯，就要学会用智慧和理性去化解”。通过对数据的进一步梳理，也能发现已婚青年对婚姻的包容性明显要高于未婚青年。

与此同时，就“闪婚”等婚恋现状，未婚青年整体态度要更趋于保守，因为他们期待“从一而终的恋爱，不离婚”，他们会更小心谨慎地选择另一半，力求通过对物质资源和内在因素的通盘考虑来组建一个稳定的家庭。对于离婚现象，绝大多数未婚青年表示能够理解和接受，但希望婚姻的严肃性能够被尊重，哪怕是离婚也要全面考虑清楚，不要贸然“闪婚闪离”，那样对自己、另一半和孩子都是不负责任的行为。

四、对策建议

（一）提倡婚俗观念转变，提高经济社会发展水平

国外学者伯台德（Bertrand）等指出法律和制度的改弦易辙相对较快，但无形社会规则和性别观念的转变则是一个相对长期的过程（2015年）[①]。因此，在上层示范、中层跟进、下层挤压的婚备竞赛中，想从根本上解决“结婚难”问题，要着重从两方面着手：一是运用更接地气的宣传手段，来引导基层群众进行思维转换。通过倡导创意婚礼、集体婚礼、旅行婚礼等婚礼形式来激发年轻人追求个性化、自由化与多样化的需求，逐渐形成新的婚庆习俗，进而通过代际的自下而上传递，实现从“大操大办”到“婚事从简”的观念转变。二是通过经济状况的提升来改善居民生活水平、提高人口素质。在经济欠发达的农村地区应以“精准扶贫”“异地搬迁”等项目为抓手，依靠更健全的“一篮子”政策，如产业帮扶、就业培训、教育资助、移民搬迁安置、社保医疗等，来提升青

①Bertrand M, Kamenica E, Pan J.Gender Identity and Relative Income within House holds[J].The Quarterly Journal of Economics, 2013, 130(2): 571–614.

年的个人能力、减轻青年人的负担，进而实现观念和物质上的双“解绑”。

（二）培育婚姻价值观共识，鼓励青年生育行为

年轻一代越来越注重婚姻价值观的趋同，“合则聚，不合则散”的价值观也使得“闪婚闪离”的情况越来越多。除了青年人对精神共鸣的追求，导致婚姻解散的因素也应受到重视，对那些因为“生活琐事摩擦”“沟通交流不畅”导致的婚姻破裂，应当通过婚姻关系处理、婚内沟通技巧、婚姻治疗服务等一系列由政府主导、多方力量参与的线上或线下活动，让青年人形成对自身行为负责、对配偶尊重、对家庭生活责任共同承担、对婚姻稳定共同维系的婚姻价值共识。面对青年人生育意愿强但实际生育率低的现状，一方面，要就青年群体顾虑的“好生难养”“无人照料”“子女教育”等问题，通过政府、社会、企业等多方力量的协同合作来加快公共服务与社会福利的供给，并加强有关政策对困难青年群体的瞄准性，以确保农村户籍青年和城市户籍青年享有均等化的公共服务；另一方面，继续推行生育二孩、优生优育的生育观念，针对女性在职场上的常规生育意愿受歧视，既要严加惩处某些用人单位设置的女性就业歧视与生育歧视规定，也要通过完善的生育保险制度来维护女性青年的权益，同时应积极鼓励家庭生活中“家务共担”，减轻女性的劳动负荷，提升青年女性的幸福感。

（三）重视社会组织力量，强化社会性支持

作为重要的第三方力量，社会组织应当积极发挥自身的技术力量与专业优势，通过对不同青年群体的针对性服务（如心理辅导、社会帮扶、培训救助等），强化对年轻一代的社会支持。例如在心理辅导方面，对于大龄未婚青年，可从解决其生理和心理健康问题着手，对其在婚姻、恋爱等方面的压力进行疏导，使该群体能够以积极阳光的心态去认知婚姻与恋爱，进而提升他们步入婚姻的概率。而对于已婚青年群体，可从婚内暴力、骗婚欺诈、子女教育等易于诱发心理问题的要素着手，开展具体性工作。帮扶救助层面，社会组织既要成为市场主体和青年群体间的

桥梁，为受教程度有限的男女青年提供学习技术或就业机会，以达到改善其经济状况的目的，也要成为弱势群体和弱势家庭的发声者，通过更好地维护在婚恋市场和婚姻关系中处于弱势地位群体（如城市流动人口、农村大龄青年等）的切身权益，来实现对此类群体的帮扶。

（四）关注政策的因地制宜性，推进多元主体的协同治理

在统一政策的扩散过程中，中央政策的“落地”执行有时会与政策设计时的预期效果有所差异，要想确保政策能够“瞄得准”，就必须将政策统一性与执行灵活性之间的矛盾纳入考虑范围。因此，除却制定完备的政策体系以外，地方政府的政策执行要根据地域特点、文化因素、人口特征、资源禀赋、宗教信仰等进行灵活调试。甘肃省整体地形狭长，按照地形分区，可以分成陇东陇中黄土高原、陇南山地、河西走廊、甘南高原四个区域，这也导致这四个区域的文化各有不同。故而，在对不同区域青年男女婚姻问题解决的政策执行过程中，要充分考虑传统婚姻观念因素、文化因素、宗教因素、区域因素等多个层面，对相关支持政策进行适当调试，以增强政策的本地适应性。要意识到婚恋问题的复杂性，要认识到实现青年婚恋减负、营造喜事简办风俗等目标很难靠某单一主体来完成，而是要倚靠多方治理力量有效协作。政府相关部门应意识到政府权力的“边界性”和“有限性”，有必要在法律法规等强制性手段的基础上，加强柔性治理手段的应用，尽可能多地通过政策供给和平台提供等方式为社会力量和青年群体发挥主观能动性创造便利性条件。而青年群体则要增强自身的主观能动性，杜绝“等、靠、要”观念，应不断通过继续教育和实用技能培训来提升自己的能力素质。

第八章
甘肃青少年闲暇时间专题报告[①]

一、文献回顾

（一）闲暇时间的定义

闲暇时间，是指人们扣除谋生活动时间、睡眠时间、个人和家庭事务活动时间之外剩余的时间。换句话说，闲暇时间是指个人不受其他条件限制，完全根据自己的意愿去利用的时间。闲暇时间，亦称业余时间、“自由时间”。美国经济学家凡勃伦于1899年创用。人们在闲暇时间进行生活消费，参与社会活动和娱乐休息，这是从事劳动后身心得到调剂的过程，与劳动力再生产及必要劳动的补偿相联系。对社会而言，闲暇可以创造艺术、产生科学等；对个人而言，闲暇可使人的个性得到全面发展，进行文化享受和创造活动，得到愉悦和休息。

闲暇时间的不断增多，是社会进步的一个重要标志。马克思和恩格斯多次指出，闲暇是人的全面发展所需要的自由时间，“这种时间不被直接生产劳动所吸收，而是用于娱乐和休息，从而为自由活动和发展开辟广阔天地”。人类的各种知识、科学、艺术的发展都依赖于闲暇时间的不断扩展。马克思、恩格斯预言未来的理想社会是闲暇时间十分充沛的时代。马克思说：“那时，财富的尺度决不再是劳动时间，而是可以自由支

①本章由甘肃政法大学何蓉副教授撰写。

配的时间。”当然，休闲时间的增多本身也是一把“双刃剑”，人们可以用闲暇时间发展自己，也有人把闲暇时间用来挥霍浪费，影响个人发展或带来社会问题。

（二）闲暇时间管理的作用

为了普遍提高闲暇时间的管理技能，必须鼓励每个社会成员利用闲暇时间来发展自己的良好个性。对那些既能促进个人发展又有利于和谐社会建设的闲暇活动，要大力提倡；对那些低级庸俗、有损身心健康、有害社会的闲暇活动要坚决取缔。要把人们的闲暇活动引向有利于构建和谐社会的方向，以体现社会主义生活方式的基本特征。闲暇时间应是人们从事高级劳动的时间。可以说，一个人的综合素质、文化程度越高，闲暇活动就越丰富而有意义。马克思说，一个人要多方面享受，就必须有享受的能力，是具有高度文明的人。可以想象，一个没有一点音乐素养的人去欣赏音乐，一定会感到乏味。若要在闲暇活动中不断提高人们的各种技能和兴趣，那么对闲暇时间进行管理就具有非常重要的现实意义。

1.对闲暇时间的有效管理可以提高时间利用率

闲暇时间是生活结构的重要组成部分，要想提高时间利用效率，必须对闲暇时间进行有效管理。无论是个人还是集体，要想取得成绩，就需要充分利用时间，闲暇时间也不例外。首先，要意识到闲暇时间的重要性，懂得珍惜时间，在最短的时间里实现价值的最大化。其次，要确定目标，制订计划，明确计划实施的具体步骤，提高办事效率。最后，要对计划实行的整个过程进行总结反思，好的方面要继续保持，不好的方面要及时改正。

2.对闲暇时间的有效管理可以使青年的生活更加丰富多彩

时间是不断前行的，不以人的意志为转移，它是客观存在的事实，因此，我们对时间的管理并不是对时间本身的管理，而是对我们自身的管理。对闲暇时间进行有效管理，可以在闲暇时间做一些有意义的事情，比如把睡懒觉的时间用于参加社会活动，丰富闲暇时间的内容，让生活变得更加多姿多彩。

3.对闲暇时间的有效管理可以提高生活的幸福感

随着经济的发展，可支配收入的增加，人们的闲暇时间也会越来越多，为满足青年人日益增长的精神生活需要，形式生动活泼、内容丰富多彩、具有地方特色和民族风情、符合青年人需要和深受其喜爱的健康的各种文化形态变得尤为重要。在对闲暇时间的有效管理下，青年人精神得到愉悦，身心得到放松，生活变得充实有意义，自身素质得到提升，社会风气得到改善，这也有助于促进社会的稳定、和谐发展，提高人们生活的幸福感。

（三）闲暇时间的统计分析

闲暇时间的统计研究指标主要有时间总量指标、平均生活时间指标和时间结构指标。

1.时间总量指标仅限于人口的时间总量。

2.平均生活时间指标，指特定人口群体在特定时间段内从事某类活动的平均时间。

3.时间结构指标是反映人们生活时间的配置结构和利用程度的指标，即各种生活时间占用率指标。

本次调查主要对时间结构指标进行统计分析，从而了解甘肃青年闲暇时间的配置结构和利用程度。

生活时间按四分法分为工作时间、生活必须时间、家务劳动时间、闲暇时间。

表8–1　生活时间分法

生活时间结构	组成
工作时间	制度内实际工作时间，加班时间，其他工作时间，通勤时间
生活必须时间	睡眠时间，饮食时间，卫生时间，其他必须时间（如看病等）
家务劳动时间	购物时间，准备食物时间，衣物整理时间，照料家庭成员时间，其他家务时间
闲暇时间	延展性工作时间，积累人力资本时间，精神活动时间，娱乐修养时间，消极行为时间

二、甘肃青年闲暇时间配置的主要特点及存在问题

（一）闲暇时间管理混乱，无计划性

闲暇时间管理意识是指对闲暇时间的敏感性及其主动管理、安排闲暇生活的自觉性。闲暇时间管理规划主要包括设置目标、安排优先次序、分配时间等。首先，在目标设置方面，一部分甘肃青年对未来生活有目标，但是目标过于笼统或模糊，例如吃好、喝好、玩好等，对具体如何实现目标却无详细计划；另一部分甘肃青年对未来生活没有明确的目标，大部分希望自己今后的生活越来越好，父母身体健康等。其次，在安排目标计划、确定优先次序方面缺乏规划。很多青年对目标计划仅停留在意识层面，没有整理成系统完整的文字资料，闲暇时间完全是随心情而定、随机而定。最后，在分配闲暇时间方面，甘肃青年普遍时间观念淡薄，对时间的价值没有充分的认识，在时间使用上没有计划，对时间使用的态度散漫。对于同样的时间，人们的态度却很不一样，有人抱怨时间不够用，有人觉得时间太多、空虚无聊。大多数甘肃青年对闲暇时间管理缺乏明确意识，对自身闲暇时间的安排和管理缺乏控制，对闲暇时间的安排缺乏理性规划和设计。

（二）存在“时间荒”现象

所谓“时间荒”，指的是由于在制度性的工作时间内无法完成分配的任务，或难以达到人们所要达成的目标（如增加收入、晋升、买房），不得不延长工作时间，从而挤压闲暇时间的现象。调查发现，当前甘肃省青年普遍反馈闲暇时间很少。

调查中，甘肃省初中生、高中生周一到周五课业繁重，每天只有不到1个小时的闲暇时间，周末需要完成各项作业，参加各类辅导班、兴趣班等，剩下的闲暇时间只有4～6个小时。大学生在闲暇时间参加各类社团活动或兼职打工等，每周的闲暇时间也只有8～10个小时。25～35岁青年因为工作、家庭、生活压力等，每周的闲暇时间也只有10个小时左右。从调查中可以看出，甘肃青年闲暇时间的结构不太合理，闲暇时间拥有量较少，

其他生活时间挤压闲暇时间的情况比较严重，造成“时间荒”现象。

（三）休闲方式单一

马克思将闲暇时间分为一般性的消遣活动和较高级的活动，有学者把它划分为创造型、求知型、娱乐型、空耗型和反文明型，评价等级逐级下降。

甘肃城市青年业余生活方式相对于农村青年来说比较丰富，但甘肃青年的业余生活方式总体上仍显单一，以玩手机、打游戏、看电视、睡觉为主要休闲方式，其次为与朋友聚会、吃喝、玩游戏、唱歌、闲聊等。在访谈中，大部分青年人表示相当渴望高质量的休闲文化生活，如阅读、旅游、运动、文艺等，但由于种种原因并未能够去一一开展。

在建设社会主义新农村的背景下，农村青年的闲暇生活安排是一个薄弱环节，主要表现在闲暇生活观念滞后、闲暇生活方式不多、闲暇生活渠道不宽等问题。农村青年在一天的闲暇时间里，最主要也最普遍的闲暇活动是玩手机、闲聊，其次的闲暇活动为打牌、上网、探亲、接待亲友、逛街赶集等。在农村不具有普遍意义（并且农村青年接触度不高）的闲暇活动方式有：看电影、观看各种展览以及书法、绘画、集邮、摄影、创作等。有些具有普遍意义的但不经常接触的闲暇活动方式有：祭祀活动、体育活动、看戏、观看文体表演、吹拉弹唱等活动。

社交活动在农村青年闲暇生活中也占有较长时间。农村青年的社交活动主要有探亲访友、串门聊天、户外交往交谈、与亲朋好友聚会等形式。下棋、打牌是他们主要的娱乐性活动。

从事体育活动的时间短。许多农村青年认为，农业劳动是最好的身体锻炼，没有必要再进行体育锻炼。

网络的引入无疑是农村青年闲暇生活中的一大亮点，不仅仅成为娱乐消遣的工具，也丰富了他们的精神世界。但是，农村青年用于提高自身素质的一些学习提高型、发展型的活动时间却很少。农村青年的闲暇空间较小，一是公共闲暇场所和设施短缺；二是闲暇活动的地点主要在农户家里，农村庭院是闲暇活动的主要空间；三是除逢年过节、走亲访友外，农村青年的闲暇空间基本局限在本村范围之内，闲暇生活保持了“地方性”特征。

综合来看，甘肃青年闲暇时间的休闲方式主要集中在一般性的消遣活动，消遣方式较单一。无论是工作日还是双休日，“无事休息”和“室内交谈”所占比重较大，这会让甘肃青年倍感空虚或无聊。与此形成鲜明对比的是，情感渗透型、积极参与型和创造性活动的时间很少。这样的闲暇生活层次与时代发展不相符合，也使得生活水平明显降低。

三、对策建议

（一）积极有效地开展闲暇教育，优化闲暇时间配置

青年人是社会发展的主力军，青年人的闲暇生活方式就是社会未来闲暇生活方式的“演练”。[①]在未来，人们的闲暇方式会越来越多，闲暇生活的重要性也将进一步凸显。现实中，在一些发达国家，闲暇时间的增多非但没有使人们获得幸福，反倒成为一种负担，甚至带来了若干消极后果。毕竟，闲暇时间和劳动时间一样，是一种资源、一种财富。闲暇时间越多，越需要理智，越需要进行闲暇教育。美国教育学家约翰·杜威早在1916年就说过：“富于娱乐性的闲暇活动不仅在当时有益于身体健康，更重要的是它对性情的陶冶可能有长期的作用。为此，闲暇教育的任务就是帮助人们为享受娱乐性的闲暇时间而做好充分的准备，这是最严肃的教育任务。”闲暇时间生活常态的组成部分，尤其在后工业社会或知识经济社会中，闲暇作为一种重要的现代生活形态越来越受到人们的青睐。闲暇教育是一种教育思想。现有的教育实践活动原本蕴含有闲暇教育，只不过多年来由于多方面因素的影响，闲暇教育在青年人教育实践中的渗透远远不够，其教育功能在一定程度上被忽视。在社会追求休闲生活方式的今天，闲暇教育无疑需要重新被重视，让青年人甚至所有人在闲暇教育中得到全面的发展。

在闲暇教育中，首先要培养青年人的休闲意识，建立一种健康、快

①李庆峰.大学生闲暇生活的现状[J].青年探索，2003(1)：24-27.

乐、可持续的生活方式。如何培养休闲意识呢？主要包括以下几个方面：第一，认同休闲的价值，摒弃“玩就是浪费时间”的价值观念；第二，有意识地安排自身的休闲活动，而不仅仅是利用空闲时间来休闲；第三，积极主动地参与休闲活动，而不是“随意”玩一玩；第四，利用可利用的空闲时间，做一些日常性休闲活动，如读书、健身等。

对青年闲暇配置的实质，就是解决在闲暇时间约束条件下实现快乐最大化的问题。经济发展的最终目标，就是如何使人的成本更加节约，释放出更多闲暇时间，从而给人们带来更多快乐。一些人在丰饶中纵欲无度，生活方式与生活形态完全偏离了快乐轨道。优化闲暇配置包括四个方面：一是优良的生活质地；二是积极的生活态度；三是和谐的生活方式；四是舒缓的生活节奏。

（二）开展和组织各类有益活动，丰富青年业余生活

社会应该对闲暇活动进行正确的引导，各级党组织、工青妇、社会团体应该有计划、有针对性地引导组织人们开展各种有益活动。首先，转变闲暇方式，从娱乐型转为学习型活动。传统社会的理想闲暇活动是“辛苦一周或一年后，好好放松、娱乐、休息一下”。知识经济存在于竞争与创新的时代，只有不断提高知识储备，才能跟得上社会的需要。闲暇活动的方式也需要与时俱进，不断创新，应将传统社会娱乐和情感交流活动转变为知识经济社会下的创造型和学习型闲暇活动。正确的闲暇生活方式，是在闲暇时间里从事一些有益身心健康的活动。例如：增长知识，娱乐身心，锻炼身体，从事某些社会公益活动，扩大交往，等等。其次，增强闲暇活动的品质，提高闲暇活动的水平。政府和社会组织可以开展户外旅游、诗词大赛、文化节等高品质的活动，陶冶青年人的情操。例如，甘肃省近几年举办的兰州国际马拉松大赛就颇具影响力，对甘肃青年产生了积极的示范、引导作用，是实现健康生活方式的一个重大举措。兰州国际马拉松赛比赛线路设在兰州多年精心打造的城市名片“黄河风情线”沿线，沿途景色优美，山静水动，风景宜人。参赛者在奔跑过程中可以领略到黄河沿岸特有的自然生态景观，将马拉松挑战自我、超越极限、坚韧不拔、永不放

弃的精神与奔腾不息的黄河文化相融合，这类活动既有益于甘肃青年健康体魄的养成，又有益于甘肃青年坚毅品格的塑造。

针对农村青年的闲暇时间，可以在农村建公园、休闲文化广场、度假村等，例如利用现有设施举行每年一次的庙会，农村青年可在此期间交流物资、接亲待友、娱乐休闲，这些具有地方特色的文化活动对农村青年有着重要的影响。丰富农村青年的业余生活，繁荣农村文化生活，发展农村文化事业与文化产业，都离不开一支业务强、素质精的文化建设队伍，因此，培养一批基层文化工作者显得尤为重要。

同时，对不健康，特别是低级庸俗的闲暇活动，政府有关部门要采取措施进行干预。例如，“侃大山”、沉迷网络、酗酒甚至违法犯罪行为等，这些不仅对个人成长不利，而且给整个社会都会带来不良影响，这就需要相关部门尽早介入并正确引导。

（三）提供和完善所需的物质条件和基础设施

目前，青年人活动场所缺乏，适宜青年参与的文化娱乐活动较少，致使部分青年经常在网吧、KTV等娱乐场所逗留。因此，需要加大文化设施的经费投入，加强文化设施建设，使城乡文化设施多样化，分布合理化，内容科学化，实现闲暇生活“硬件”与“软件”的综合发展。除此之外，要为青年人提供闲暇活动的基本物质条件，加强文化、体育、公园、娱乐场所建设，让他们有地方开展闲暇活动，并且有能力消费。例如，建设青年活动中心，从而引导一种健康、文明、向上的生活态度，也是加强精神文明建设、提高全体市民素质的一项民生实事。建设一所具备艺术、科技、体育、展示交流、文化娱乐、信息研究、管理服务等多方面功能，体现综合性、开放性、社会性时代特征的青年活动中心，既是提升城市品位、开展对外交流、加强精神文明建设、改善投资环境的需要，又是培养教育青年、提高青年及全体市民综合素质的需要。逐步建设文化馆和群众艺术馆、博物馆、公共图书馆、艺术表演团体等公共休闲资源，可以为甘肃青年营造一个培养高尚情操、发展人际关系的闲暇活动场所。

第九章
甘肃农村留守儿童校园欺凌问题专题报告①

校园欺凌是指学生之间所发生的持续性与蓄意性攻击行为，校园欺凌的主体主要有校园欺凌实施者、校园欺凌遭受者与校园欺凌旁观者②③④⑤。世界范围的大规模研究表明，有25%的学生在学校受到不同程度的欺凌⑥。杨书胜等⑦分析了校园欺凌事件的新闻报道，发现2006—2013年的校园欺凌事件为31起，但2014—2016年高达49起。留守儿童指父母双方或一方外出务工，无法与父母正常共同生活的不满16岁农村户籍未成年人⑧。特殊的家庭环境和成长阶段，使留守儿童这一类弱势群体将有可能成为西部欠发达地区校园欺凌的主要实施者或受害者⑨。2017年

①本章由西北民族大学常进锋讲师撰写。

② 赵景欣，杨萍，赵喜佳等．早期青少年的同伴侵害与抑郁：自尊和性别的调节作用[J]．中国特殊教育，2016(1)：70-75.

③ 董会芹．同伴侵害与儿童问题行为：自尊的调节作用[J]．中国临床心理学杂志，2015(2)：281-284.

④ CARBONE-LOPEZK,ESBENSEN F A,BRICKBT.Correlates and consequences of peer victimization: gender differences in direct and indirect forms of bullying[J].Youth Viol Juven Just,2010(4):332-350.

⑤ 魏叶美，范国睿．社会学理论视域下的校园欺凌现象分析[J]．教育科学研究，2016(2)：20-23，46.

⑥ ESLEA M,MENESINIE,MORITAY,etal.Friendship and loneliness among bullies and victims:data from seven countries[J].Aggres Be-hav,2004(1):71-83.

⑦ 杨书胜，耿淑娟，刘冰．我国校园欺凌现象2006—2016年发展状况[J]．中国学校卫生，2017(3)：458-460.

⑧ 国务院．关于加强农村留守儿童关爱保护工作的意见[EB/OL].[2017-10-18].http://www.mca.gov.cn/article/yw/shgzyzyfw/fg-wj/201602/20160200880164.Shtml.

⑨ 杨宇琦．西部地区留守儿童校园欺凌的法律介入[J]．教学与管理，2018(5)：4-6.

11月10日，国家卫计委发布报告显示，接近50%的在校留守儿童遭受过不同程度的欺凌，接近30%的初中一年级留守儿童有过打架经历，人数高于非留守儿童。本研究在了解和探讨留守儿童校园欺凌行为现状的基础上，分析校园欺凌发生的原因，进而提出相应的解决措施，为开展该群体的校园欺凌防治提供参考。

一、研究对象与研究方法

（一）研究对象

2017年7～8月，采用整群抽样的方法，分别选取甘肃省某县的5个农村，共有450名留守儿童参与调查，筛除大面积漏答、明显随意选择的无效问卷，共回收有效问卷435份，有效回收率为96.7%。抽取的留守儿童以小学生为主，兼顾部分初中生，未涉及高中生。其中，男生215名，占49.4%；女生220名，占50.6%。小学一至三年级留守儿童138名，占31.7%；小学四至六年级214名，占49.2%；初中生83名，占19.1%。其中，52名留守儿童来自单亲家庭，占12.0%；残障留守儿童7名，占1.6%。

（二）研究方法

基于文献阅读①②，结合当地留守儿童实际，小组自制调查问卷。调查问卷经业内专家反复研讨确定，确保了问卷效度。问卷的信度检验采用再查法，2次调查结果（前后间隔15d）的Pearson系数为0.90（$P<0.01$）。调查内容由三个部分组成：第一部分为留守儿童基本情况，包括性别、年龄、年级、性格、是否单亲、是否残疾等。第二部分为留守儿童校园欺凌行为，主要调查留守儿童在过去6个月中实施或遭受校园欺凌的类型、地点、频率、是否受到老师或家长管制、遭受校园欺凌后的求助情况等。第三部分为留守儿童所在学校校园欺凌防治活动开展情况。本研究界定留守儿童校园欺凌行为主要包括以下5项：（1）被恶意取笑；（2）被索要财物；（3）被有意排挤或孤立；（4）被拳打脚踢或关

① 陈婉华.小学校园欺凌现状调查及对策研究[D].广州：广州大学，2017.

② 王轩.中小学校园欺凌行为的调查研究：以H市中小学为例[D].哈尔滨：黑龙江大学，2017.

在屋里；（5）个人物品被故意破坏。调查对象及其监护人均对本研究知情且同意，自愿参加。调查人员均为来自社会学专业的本科生，并接受了社会调查专业知识培训，每2人为一组，针对小学生采用访问式问卷和自填式问卷相结合的方式开展调查，对于初中生采用自填式问卷调查，当场回收。

（三）统计学处理

采用EpiData 3.1软件建立数据库并逻辑纠错，采用SPSS 17.0统计软件对数据进行描述性统计分析和X^2检验，以$P<0.05$为差异且具有统计学意义。

二、农村留守儿童校园欺凌行为现状

（一）留守儿童欺凌他人状况

过去6个月，共有164名留守儿童对他人实施过校园欺凌，占37.7%。男生91名，占42.3%；女生73名，占33.2%。小学生141名，占40.1%；初中生23名，占27.7%。男生报告率高于女生（X^2=3.87，$P<0.05$），小学生报告率高于初中生（X^2=4.36，$P<0.05$）。其中恶意取笑他人的有144名，占33.1%；拳打脚踢过他人的有98名，占22.5%。恶意取笑他人和对他人进行拳打脚踢为留守儿童群体实施校园欺凌的主要类型，而且此两种行为均为男生报告率高于女生报告率，小学生报告率高于初中生报告率（P值均小于0.05）。见表9-1。

表9-1　不同性别不同学段留守儿童各种欺凌他人类型报告率比较

性别与学段		人数	统计值	恶意取笑	拳打脚踢	排挤或孤立	故意破坏物品	财务勒索
性别	男	215		83(38.6)	60(27.9)	26(12.1)	29(13.5)	21(9.8)
	女	220		61(27.7)	38(17.3)	28(12.7)	22(10.0)	13(5.9)
			X^2值	5.81	7.05	0.04	1.28	2.25
			P值	<0.05	<0.05	0.84	0.26	0.13

续表9-1

性别与学段		人数	统计值	恶意取笑	拳打脚踢	排挤或孤立	故意破坏物品	财务勒索
学段	小学	352		125(35.5)	87(24.7)	45(12.8)	43(12.2)	24(6.8)
	初中	83		19(22.9)	11(13.3)	9(10.8)	8(9.6)	10(12.0)
			X^2值	4.83	5.06	0.23	0.43	2.55
			P值	<0.05	<0.05	0.63	0.51	0.11
合计		435		144(33.1)	98(22.5)	54(12.4)	51(11.7)	34(7.8)

注：（）内数字为报告率，单位为%。

（二）留守儿童遭受校园欺凌行为状况

过去6个月，共有235名留守儿童遭受过不同程度的校园欺凌，占54.0%。男生报告率（61.4%）高于女生报告率（46.8%）（X^2=9.30，$P<0.05$），小学生报告率（56.8%）高于初中生报告率（42.2%）（X^2=5.80，$P<0.05$）。留守儿童遭受过五种类型校园欺凌行为的有18名，占4.1%。校园欺凌行为报告率仅在被他人拳打脚踢或关在屋里这一类型上存在性别和年级差异，其中男生报告率明显高于女生报告率，小学生报告率高于初中生报告率（$P<0.05$）。

表9-2　不同性别不同学段留守儿童遭受校园欺凌类型报告率比较

性别与学段		人数	统计值	恶意取笑	拳打脚踢	排挤或孤立	故意破坏物品	财务勒索
性别	男	215		92(42.8)	81(37.7)	52(24.2)	71(33.0)	23(10.7)
	女	220		76(34.5)	45(20.5)	43(19.5)	76(34.5)	17(7.7)
			X^2值	3.12	15.67	1.37	0.11	1.15
			P值	0.08	<0.05	0.24	0.74	0.28
学段	小学	352		134(38.1)	118(33.2)	83(23.6)	123(34.9)	38(10.2)
	初中	83		34(41.0)	8(9.6)	12(14.5)	24(28.9)	2(4.8)

续表9-2

性别与学段		人数	统计值	恶意取笑	拳打脚踢	排挤或孤立	故意破坏物品	财务勒索
			X^2值	0.24	18.27	3.27	1.09	2.35
			P值	0.63	<0.05	0.07	0.30	0.13
合计		435		168(38.6)	126(29.0)	95(21.8)	147(33.8)	40(9.2)

注：() 内数字为报告率，单位为%。

残障残疾留守儿童是留守儿童校园欺凌中的高危群体，根据调查，7名残障残疾留守儿童由于身体残缺或者智力低下，均受到过来自他人的恶意取笑、被取带有侮辱性质的外号，甚至受到拳打脚踢的校园欺凌行为，而大多数监护人对此却束手无策。

（三）留守儿童校园欺凌实施主体、发生地点及求助情况

对留守儿童实施校园欺凌的行为主体有同学（83.4%）、校外人员（11.6%）、同学的家长（5.1%）。校园欺凌的发生地点主要在教室和回家路上，分别占43.7%和43.0%，其余依次为操场（32.5%）、厕所（21.8%）和其他隐蔽的地方（16.4%）。留守儿童遭受校园欺凌，向在场人员求助时，64%会得到他人帮助，而36%的旁观者会选择直接走掉。大部分（60.9%）留守儿童不会将此事告知家长或向学校寻求帮助。

（四）学校校园欺凌防治状况

56.6%的留守儿童认为，学校开展校园欺凌的防治活动很有必要，但仅有27.8%的留守儿童反映其所在学校开展过相关的校园欺凌防治活动。有42.7%的教师对实施校园欺凌行为的留守儿童进行了严厉批评，并要求对受欺凌的学生进行道歉，其余教师多采取简单说教的方式进行教育。

调查结果显示，小学留守儿童校园欺凌发生率高于初中，男生高于女生，与郑茹等[①]对北方某城市的中小学生校园欺凌行为的研究结果基本一致。由此可见，校园欺凌的性别差异并未因农村与城市在经济社会文

①郑茹，王宏伟，李伟民等.北方某城市中小学欺凌行为流行现状[J].中国学校卫生，2018(1)：76-80.

化发展方面存在差别而不同，所以，在留守儿童校园欺凌干预方面，需要给予男生更多关注。

本次调查发现，留守儿童校园欺凌以恶意取笑和拳打脚踢为主，与相关研究结论一致①②③④。恶意取笑和拳打脚踢分别属于言语侮辱和身体侮辱，言语侮辱相较于身体侮辱更不易被教师和家长察觉，但其所导致后果的严重程度却不亚于身体侮辱，因而应高度防范言语侮辱，一旦发现这种情况，学校教师或家长应立即给予正面疏导和矫正。本次调查还发现，残障、残疾留守儿童由于身心功能缺陷，使得他们在人际交往中往往处于弱势地位，进一步增加了遭受同伴欺凌的可能⑤。各地学校和家长应该加强对残障、残疾留守儿童的关爱，帮助其建立互助伙伴关系，降低该群体校园欺凌发生率。

留守儿童校园欺凌的主要实施主体为同学，其次是校外人员，由此说明，加强对留守儿童校园欺凌的干预既需要建立校园安全网络，也需要加强村庄社会治安的综合整治。校园欺凌行为既会选择在公共空间进行，比如操场、教室，也会选择在私密场所实施，比如厕所、回家路上的一些隐蔽空间，这些空间和场所具有公开性与私密性相结合的特征，进一步增加了留守儿童校园欺凌的识别和防治难度。因此，学校必须首先提高教师对校园欺凌的认知度与关注度，让他们时刻保持警惕。学校可以选拔各年级学生中的主要学生干部、少先队队长作为校园文明监督员，通过监督提高校园欺凌的识别率和报告率。进行校园欺凌干预还应当关注校园欺凌事件的旁观者，了解旁观者未采取制止校园欺凌行为的原因，并采取针对性的解决措施，促进其从消极旁观者向积极旁观者角色转变。

---

① 乔毅娟，星一，季成叶等．中国18省市城市中学生欺侮行为流行现状分[J]．中华流行病学杂志，2009(5)：444-447.

② 张矗，常树丽．深圳市宝安区初中生受欺负现状及原因分析[J]．现代预防医学，2016(7)：1210-1212.

③何进军．中小学生欺侮方式与特点研究[J]．健康心理学杂志，2002(3)：188-190.

④南平市中级人民法院课题组．关于校园欺凌现状及预防的调查报告[J]．福建法学，2017(3)：3-7.

⑤陈奕桦，谭蕾．残疾学生校园欺凌研究现状[J]．中国学校卫生，2018(2)：314-317.

三、农村留守儿童校园欺凌的成因分析

留守儿童校园欺凌的产生原因比较复杂，需要加以深刻分析，同时更应探索防治路径，以推动校园和谐，促进留守儿童身心健康发展。

（一）隔代教育下农村留守儿童的心理健康被忽视

家庭是塑造儿童良好道德品质与促进青少年社会化的第一所学校，完整又幸福的家庭是青少年养成优良人格的首要前提。对于农村留守儿童而言，他们的父母为了生计而选择外出打工，与他们长时间生活的主要是自己的爷爷奶奶、外公外婆，隔代教育成为农村留守儿童家庭教育的主要方式。有些农村老人大多未经历过正规的学校教育，甚至少部分老人还处在不识字状态，抚养人文化程度低的直接结果就是教育观念陈旧、教育方式落后，加之农村老人田间劳务繁重，休息时间不充裕，导致他们对于孩子的生活、学习以及心理健康关心较少。在这样的家庭环境下，大多数农村留守儿童道德品质的养成会受到影响，原本应该在家庭场域内完成的早期社会化任务也会大打折扣。于是，这部分农村留守儿童就从预期的“引导式”成长，逐步变为了“自由式”成长，而这种“自由式”成长往往滋生出农村留守儿童心理健康问题。研究表明，长期处于隔代监护下的儿童，心理发展会出现如敏感、任性、内向、孤独、意志力薄弱、自卑、暴躁等问题[①]。上述心理健康问题是导致农村留守儿童出现失范行为，尤其是校园欺凌行为的直接原因。

（二）亲情缺位下留守儿童的道德社会化和安全感偏低

儿童的成长是身心全面发展，不仅需要物质生活保障，更需要亲情的温暖、心灵的陪护[②]。家庭是青少年最初的活动场域，父母是子女的第一任老师，父母的言行举止对于孩子的成长具有重大影响，父母也就顺理成章地成为孩子模仿的对象。同时，父母既要给孩子提供充裕的物质

①陈智，朱成科．我国农村留守儿童隔代监护的教育困境及解决路径[J]．江苏教育研究，2013(4)：7-10.

② 李艳红．新时期农村留守儿童家庭教育问题及对策研究[J]．农业经济，2017(6)：73-74.

条件，也要给孩子进行必要的情感交流，孩子永远将父母视为自己的“保护伞”。家庭教育的连续性是青少年道德社会化的重要保障，但是农村留守儿童父母一方或者双方长期在外，致使亲情缺位，直接影响了农村留守儿童道德规范的习得，加之隔代教育相对闲置，使得部分农村留守儿童良好道德品质的养成出现问题。此外，父母亲情的长时间缺位，又会降低农村留守儿童的安全感。安全感降低促使性格内向的农村留守儿童更易在人际交往中产生退缩行为，而性格外向的农村留守儿童更易通过其他途径提升自身的安全感，比如他们可以通过在人际互动中通过欺负弱者提升地位，从而获得安全感。但这种安全感只是相对的或者暂时的，为了获得一种持久的地位感和安全感，他们会选择具有持续性的攻击行为来实现这一目标，由此，农村留守儿童校园欺凌便会随时都有可能发生。

（三）学校教育中校园欺凌的脱敏效应

校园是校园欺凌发生的主要场所，校园场域内关系较为单一，同学关系占据主导地位。校园空间的相对封闭性和校园关系的单一性，为校园欺凌的发生创造了前提条件。许多研究均认为，成绩差、调皮捣蛋的学生相较于成绩好、安静懂事的学生更易成为校园欺凌的实施者，而教师一般更倾向于将成绩差、调皮捣蛋的学生定义为“学业失败者”的“边缘生”。亚历山大社会行动理论的基本观点是任何个体采取行动时均会进行策略性计算，即会理性地计算成本与回报。遵循这一理论，学校教师也会在教育引导学生的过程中进行策略性计算，即部分教师会对实施校园欺凌的“边缘生”进行教育规训，但在这一过程中，他们会计算得失，当他们数次苦口婆心的教育引导收效甚微，甚至“零回报”时，他们会对这部分“边缘生”采取放弃教育的方式。久而久之，理论上的“边缘生”角色会转变为实际上的“边缘生”，这种情况下，教师会对这部分“边缘生”实施的校园欺凌行为敏感度降低，继而会产生脱敏效应。一旦学校教育中部分教师形成了对校园欺凌的脱敏效应，在一定程度上将会助长实施校园欺凌“边缘生”的嚣张气焰，增加校园欺凌的防控难度。

（四）社区环境里对校园欺凌的漠视“惯习”

当代社会学家布迪厄认为，在社会实践的过程中，客观的社会结构和社会惯例逐渐内化为行动者的“惯习”，人们在社会生活中相当一部分的行动可以说是由“惯习”决定的。布迪厄所强调的“惯习”具有无意识性，“这种‘无意识’不是精神分析意义上的无意识，而是指在集体和个体的实践基础上逐渐获得的一种在无意识的情况下依规律行动的能力。通过‘惯习’机制生成的行为，大多不是一种理性选择的结果，而是行动者在长期实践中形成的符合规律性但又缺乏明确的意识，没有清晰的目的却又合乎目的性的行为”[①]。透过布迪厄关于“惯习”的论述，我们可以发现，社区环境中形成的对于校园欺凌的漠视“惯习”，是促使农村留守儿童校园欺凌发生率上升的重要因素。长期以来，家长总是把小孩子之间的打闹看作一种正常的儿童互动交流，除非比较严重的打闹，家长才会上前劝阻，甚至讨要一个说法。但多数情况下，校园欺凌的发生地点往往是家长缺席的空间，如果是在公共场所实施校园欺凌行为，那么社区里的其他熟人（比如邻居）以及过往陌生人则成为校园欺凌的主要旁观者，这些旁观者可能会基于“事不关己，高高挂起”的生活“惯习”，对校园欺凌行为采取熟视无睹甚至是纵容的态度，这种对于校园欺凌的漠视“惯习”将有可能成为农村留守儿童校园欺凌的影响因素。

四、农村留守儿童校园欺凌防治出路

（一）制定专门的反校园欺凌法

校园欺凌不是中国特有的问题，它属于一个世界性的难题。目前，国外许多国家都通过立法的方式，即制定专门的反校园欺凌法来防治校园欺凌。我国尚未出台专门的“反校园欺凌法”，关于未成年人保护与惩罚的措施主要散见于各种不同的法规和法律条文中，这可能导致我国的

①方劲.消费行为研究的理性化反省与感性论转向——扩展社会学消费行为研究的传统界限[J].天府新论,2010(5):99-103,138.

校园欺凌防治存在漏洞，因此，制定一部适合中国国情的反校园欺凌法迫在眉睫。中国反校园欺凌法的制定，需要在借鉴先进经验的基础上，重点考虑以下几个问题：第一，明确校园欺凌的概念界定，务必要区分好校园欺凌、校园暴力、校园伤害性犯罪等相似性概念，界定清楚校园欺凌的概念；第二，明确学校、监护人、社区、社会在防治校园欺凌方面的责任，对于农村留守儿童而言，应重点强化学校的责任；第三，明确对校园欺凌实施者、主要参与者的惩罚措施，惩罚应视情节轻重和当事人的认错态度而定，但无论如何，必须形成文字材料，计入学生档案；第四，务必确保法律的可操作性；第五，应该降低刑事责任年龄，不能因为行为人是未成年人而“法下留情”[①]。

（二）促进家校合作

加强家校合作应该成为防治农村留守儿童校园欺凌的重要途径。从现有的文献来看，大部分学者主要从学校和家庭两个维度出发，提出防治校园欺凌的有效措施，鲜见提出家校合作方案的论述。在当前社会，家校合作防治校园欺凌已经具有了较强的可行性。大多数农村留守儿童的家长基本属于“70后”和“80后”群体，这些家长虽然在外打工，但都熟悉社交软件操作，因此，学校可以联合学生家长，建立家校合作微信群、QQ群等社交平台。微信群和QQ群的建立务必让每一位农村留守儿童知晓，以此起到学校和家长对他们学习及生活的共同监督作用。学校可以利用社交平台，定期向家长反映学生在校表现，尤其要将校园欺凌行为告知相关学生的家长，并与家长商议解决方案。除此之外，学校应该确保每年至少召开两次家长会，通过线上和线下两种沟通方式，达到共防共治农村留守儿童校园欺凌的目的。

（三）发挥社会工作介入农村留守儿童校园欺凌防治的专业优势

社会工作专业理念为“助人自助”，社会工作者可以利用专业优势和专业技巧发挥助人功能，帮助农村留守儿童培养良好的人际沟通方式，

① 黄明涛.国外校园欺凌立法治理体系：现状、特点与借鉴——基于七个发达国家的比较分析[J].宁夏社会科学，2017(6)：55-63.

减少校园欺凌的发生率。社会工作的三大工作方法是个案工作、小组工作和社区工作，这三大工作方法均可以应用到农村留守儿童校园欺凌的防治工作当中。第一，社会工作者可以采用个案工作的方式，对实施过校园欺凌和遭遇过校园欺凌的农村留守儿童进行一对一的个案服务，深度了解和分析校园欺凌产生的原因和消极影响，结合农村留守儿童的真实反馈，提出具有针对性的解决方案，协助行为失范的农村留守儿童改善交往环境，增强自信心和人际交往能力。第二，社会工作者可以采用小组工作的方式，在农村留守儿童中间开展校园欺凌防治成长性小组，针对不同年级的农村留守儿童制订不同的活动内容，以小组为单位开展活动，加强农村留守儿童间的良性互动和有效沟通，彼此感知他们存在的重要性，培养集体互助意识，建立平等的沟通理念，破除强弱对峙局面，促进组员在小组这个共同体的相互依存中得到成长，增强组员的社会功能，提升其发展能力。第三，社会工作者应该充分调动社区资源，创造防治农村留守儿童校园欺凌的外部环境。社会工作者可以自行编印防治农村留守儿童校园欺凌的小册子，分发给村民。利用村庄广播平台，定期播放关于校园欺凌的危害、防治校园欺凌的有效措施的音频材料，确保广大村民从思想上重视农村留守儿童校园欺凌防治工作。同时，社会工作者还可以组织村民成立农村留守儿童校园欺凌防治小组，采取定期巡逻和接送学生上学、回家的方式，减少农村留守儿童校园欺凌发生的概率。

（四）加强农村留守儿童生命教育

农村留守儿童校园欺凌频发，从根本上折射出部分农村留守儿童缺乏生命关怀意识，生命观念淡薄。因此，防治农村留守儿童校园欺凌，还需要加强农村留守儿童的生命教育。开展生命教育，应充分发挥农村留守儿童的主体作用，以生命关怀为基本理念，从个体生命的需要出发，尊重生命的个体差异，因材施教，引导和促进生命有个性地全面发展①。学校开展农村留守儿童生命教育，可以采用课堂教学的方式进行，即选

① 乔璐.生命化是现代道德教育的必然选择[J].教学与管理,2017(33):10-12.

定适合于农村留守儿童身心发展特点的生命教育读本作为教材，采用参与式教学方式，在师生互动、学生互动中达到知识的主动吸取，而不是强迫灌输。也可以采用开展校园文化活动的方式，比如组织开展以“尊重生命”为主题的征文比赛、知识竞赛、板报设计比赛、好人好事征集等活动，通过活动的开展，达到农村留守儿童对“尊重生命”这一生命教育核心要求的内化。培养农村留守儿童正确的生命观，对于抑制校园欺凌的发生具有重要意义。

防治校园欺凌已成为教育发展的重要之事，校园欺凌使留守儿童幼小的心灵受到伤害，让还没有开放的花朵过早凋谢①。校园欺凌虽然可能会随着农村留守儿童生理年龄、心理年龄的增长而降低发生率，但如若不加以防治，自然规律下的代际更替会让校园欺凌成为农村留守儿童生命历程的常态。因此，防治农村留守儿童校园欺凌必须引起全社会的高度重视，尽快还农村留守儿童一个阳光的校园。

① 沈国酰，王勇.校园欺凌与暴力的特点、成因及防范[J].教学与管理，2017（11）：14-16.

第十章
甘肃未检青少年观护帮教服务专题报告[①]

一、个案介入与问题提出

（一）司法社会工作介入未检青少年观护帮教个案

2018年，甘肃某社会服务中心与所在市某区检察院合作，开展未检青少年司法社会工作服务，为涉罪未成年人提供社会调查、适合成年人到场并进行观护帮教服务。在开展未检青少年观护帮教服务的过程中，司法社会工作者在检察院的委托下，对涉罪未成年人小Q（16岁）进行为期半年的个案服务。服务内容包括：首先，针对小Q开展社会调查，了解其家庭及主要社会关系，走访社区，听取相关方意见，根据小Q的身心及社会关系现状，综合评价小Q的再犯可能性，为检察机关做出附条件不起诉决定提供参考依据；其次，在检察机关做出不起诉决定后，针对小Q的家庭和主要社会关系做出研判，分析其在观护考验期内存在的不利因素和优势条件，为其指定观护帮教方案并执行；最后，在观护帮教期内为小Q开展社工服务，主要包括心理及情感支持、职业培训与就业辅导、家庭关系与社会功能恢复等。观护考验期结束后，小Q回归到了正常的社会生活，截至目前尚未发现其有再犯罪行为。

①本章由甘肃政法大学任文启教授与2019级MSW袁嘉撰写，为2019年研究生科研创新项目《司法社会工作介入未检青少年观护帮教实务研究》的项目成果。

在对小Q开展服务过程中，社工发现，虽然并不能将小Q的犯罪行为完全归咎于其不完整的家庭教养与不良的社会交往，但这些问题是其走向“边缘”青少年的环境诱发因素，使其走上犯罪具有高度盖然性。基于此，不论是对其犯罪行为的分析，还是为了阻断与降低其此后的再犯可能性，都应该在小Q的家庭教养方式和不良的社会交往关系上下功夫。随着服务过程的不断深入，社工进一步发现，对于小Q的家庭教养方式乃至监护权本身，目前实际运行的法律制度与社会评价处于鞭长莫及和不置可否的状态，而对于其不良的社会交往关系，则仅仅只有当其出现明显过错甚至走上违法犯罪道路时才会被看到，对其介入又停留在打击与放任之间。

社会工作是个人烦恼、国家责任与社会福利传递相结合的产物，司法社会工作则可以理解为在对罪错者给予司法制裁的基础上，同时提供社会福利供给与社会功能修复的制度性设置。国家亲权理论为未成年人司法保护中的司法社会工作服务提供了法理依据。如何确保国家亲权责任在每一个需要保护的未成年人案件中得到实现，不仅需要自上而下进行制度建构，也需要自下而上去反思目前所建构的制度实际产生何种效果，以及还需要进行哪些方面的修正和更新。基于此，需要追问的是，国家亲权理论及其制度设计在实践过程中如何存在、是否发挥实际效用，以及应当如何进行优化设计，以推进当下未成年人司法保护中的社会支持体系的建设进程。

（二）国家亲权理论研究现状与评述

1.国家亲权理论研究现状

在国家亲权的概念上，参照国外相关理论，姚建龙[①]、张鸿巍[②]、郑净方[③]等人做了较为细致翔实的研究。现有研究中达成的共识是，亲权即监护权，是基于血亲或拟制血亲及其实际养护关系而产生的一种国家确

①姚建龙.超越刑事司法——美国少年司法史纲[M].北京:法律出版社,2009.8.

②张鸿巍."国家亲权"法则的衍变及其发展[J].青少年犯罪问题,2013(05):88-93.

③郑净方.国家亲权的理论基础及立法体现[J].预防青少年犯罪研究,2014(03):80-89.

权，在国家权力尚未进入家庭之前，作为一种自然权利而存在。国家亲权概念一般被认为与“父权”“子女权”“法权”“青少年权利”等概念相关，是指当国家权力发展和察觉到青少年独特的法权空间，在父母无法或未能有效行使监护权而使未成年人受到伤害时，为利于其健康成长，由国家代位行使监护权的一种制度设置。因此，国家亲权本质上是一种拟制的监护权，是在自然状态下的父母监护权出现问题时，由国家代位行使的一种补充性权利。但国家亲权具有拟制性，因为国家无法如父母一样具体行使相关的监护权，而由国家设置的有关部门经过相关流程，在相应的教养环节行使特定的权利、承担特定的义务，以确保未成年人健康成长。

在国家亲权概念的演进上，姚建龙指出，国家亲权经历了绝对亲权、辅助父母亲权和超越父母亲权三个阶段。①丁敏则从保护处分的角度阐述了中西方对于未成年的保护处分原则及其落实，指出保护处分原则是基于中西方刑法中具有的“恤幼精神”，20世纪以来，在国家亲权理念的指引下，保护处分原则经历了从侧重于“防卫社会”走向侧重于“保护儿童”的历史进程。②

在消极方面，赵琳琳认为，应该对失职父母依法进行责任追究。③在积极方面，张文娟则指出，基于国家亲权构建中国少年司法体系，在理念上应该是福利导向而非惩罚导向的，应该做到保护、干预与转化。其不仅要关注少年本身，还要关注其家庭；不仅要关注违法犯罪行为，更要关注少年成长本身；对违法犯罪行为少年的处理是福利性的，目标是将触法少年恢复到主流社会公民的状态。他认为，在制度设计上，尤其要跳出现有诉讼制度框架，而要基于福利型的制度设计。④童小军认为，

---

①姚建龙.超越刑事司法——美国少年司法史纲[M].北京：法律出版社，2009：106.

②丁敏.保护处分的起源和发展——兼论保护处分的当代精神[J].黑龙江省政法管理干部学院学报，2019(05).

③赵琳琳.论父母对未成年人疏忽照顾的法律责任[J].预防青少年犯罪研究，2018(05)：51-61、92.

④张文娟.探索有中国特色少年司法制度的战略设想与路径建议(上)[J].预防青少年犯罪研究，2012(11)：25-32.

实际工作中需要遵循两个原则：第一是父母亲权优先，国家亲权积极兜底。第二是监测监护状况，评估监护能力。童小军强调国家亲权在位置上的“兜底性”，即除了“家庭第一”和“国家最后”之外，还有中间的“公益慈善和志愿服务组织的社会部门”；国家亲权在介入时则应该“以改善和提升家庭监护能力为优先”，[①]具有非常强的“赋权”色彩。在更加具体的制度建议方面，李美霖认为，应该推动我国未成年人“复合型”观护机构的建立，应该在司法改革背景下，落实未检机构专门化、人员一体化等问题。[②]顾小琼强调应建立少年司法组织、立法和社会辅助体系。[③]张鸿巍则从少年与家事案件结合的角度，提出加强对少年家事审判监督，并按案件类型形成未成年人检察和家事检察的结合与有效衔接。[④]

2.国家亲权理论研究述评

就理论研究的进展而论，目前的研究更多的是从法学和社会福利制度设置角度出发，对国家亲权的历史沿革、理论内涵、设计理念和相关的制度建议予以讨论。同时，站在本土化的角度反观既有研究，还可能存在线性历史观和脱域制度移植的问题。所谓线性历史观，是指主要以论证西方社会经历的少年司法或国家亲权理论脉络及其发展的必然性来强调向西方学习的正确性，而对东方自古以来的相关传统发掘不够，这一历史观镶嵌在论述此项制度的现代化史观之中，即认为“中国走向现代化过程中必然要接续西方的传统，在制度设置上具有趋同性”。这一历史观的问题在于，忽略了东方制度文化自身发展的内在理论以及中国现代化不同于西方的诸多地方。脱域制度移植的问题主要是对国家亲权制度设计的当下性考量不足，比如目前的时代背景、包括国家总体的福利水平发展程度、当下人口结构变化的趋势、社会转型背景下家庭教养与家庭社会功能的现实状况、国家—社会—家庭关系的演进阶段性特征，

①童小军.国家亲权视角下的儿童福利制度建设[J].中国青年社会科学，2018(02).

②李美霖.试析我国未成年人“复合型”观护机构的建立——以“国家亲权”理论为视角[J].预防青少年犯罪研究，2016(01).

③顾小琼.发展与困顿：我国未成年人刑事司法保护制度的研究[D].上海：复旦大学，2010.

④张鸿巍.“少年+家事”检察概念的逻辑展开[J].人民检察，2019(12)：9-13.

以及国家未来与青少年数量、质量之间的辩证关系等结构性因素。而这些因素，既具体呈现在每一个未检青少年的案例中，也存在于当下制度运行和问题分析的框架内。在理论与实务的交互上，我国法律对监护权国家责任的设计、司法社会工作进入未成年人司法保护的专业服务领域等也体现了国家亲权的基本理念，但对国家亲权究竟如何在本土落实，以及在现实运行过程中如何设计与改进，还有进一步扩展的空间。

二、国家亲权视野下的观护帮教个案及其过程

（一）基本案情[①]及社会关系评估

小Q，男，汉族，初中文化程度，案发前租住于某市西城区，由于处于打零工的状态，所以工作经常变动，案发时处于无业状态。小Q家中有奶奶、父母、姐姐，小Q和姐姐多由母亲照顾，父子沟通较少。

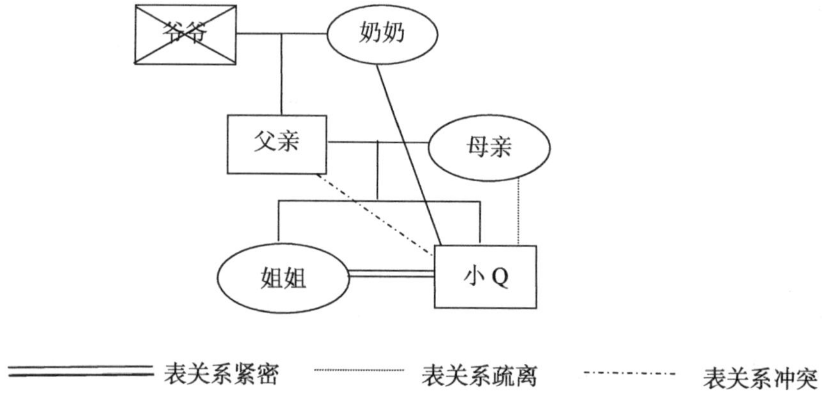

图10-1　小Q家庭关系图

小Q在学校读到初中，经常旷课，因缺乏学习兴趣便辍学在家。半年后，他去当地技校学习一年，由于发生交通意外，其技校的学习终止。随后，16岁的小Q独自一人到兰州市某区打工，主要从事餐饮服务、KTV娱乐场所服务等临时性工作。2018年，小Q与伙伴酒后滋事，涉嫌故意

①案件来源：甘肃某社会工作服务中心与某区检察院合作项目：2018未04号。

伤害罪，拟被某区检察院处以附条件不起诉决定，由甘肃某社工服务中心承接司法社会工作服务，为小Q提供观护帮教服务。

在接到观护帮教个案后，社工为小Q做了社会调查，并对其社会关系分析如下：

家庭经济状况方面。村主任介绍："他家中经济情况在村中较为一般，近两年才将房屋翻新，但足以维持正常生活。"（小Q社会调查案卷记录—社区走访C1）小Q父母双双前往广州打工。从小Q父母处了解到，工资处于半年一结付状态，有时经济情况也较为紧张。父母考虑到小Q在兰州打工，经济条件有限，所以每个月给其打1000元的生活费。

家庭结构方面。小Q家里有奶奶、父母、姐姐。小Q出生后，与父母和姐姐一起在永登老家生活。奶奶对小Q疼爱有加，小Q在兰州打工期间，每周回老家探望一次奶奶。在2016年之前，其父亲为当地某工厂工人，小Q在成长过程中基本由母亲照顾生活，父亲参与较少，后因工厂倒闭，父母带小Q前往广州打工，由于不适应当地环境，父亲又无暇顾及，小Q因此在三个月后回到兰州某区，独自生活至今。

家庭教育方面。小Q自述："爸爸在我小时候经常出去干活，回来的次数还比较多，后来父亲去外地打工，一年才回来一两次，回来就训我，所以和爸爸沟通交流极少。平时生活都是妈妈照顾，不过我也不怎么听她的，她也老是教训我。2016年，父母都去了广州，我去兰州打工，主要在餐饮和KTV做服务员，姐姐时常打电话关心我一下。"（小Q社会调查案卷记录—自述A1）

社会交往方面。小Q在辍学前，在家乡的朋友均是各个读书阶段的同学，与同学之间交往正常，与村内村民以及同龄人群相处和睦，无偏差行为发生。在兰州独居期间，先找了一份饭馆的服务员工作，持续三个月的工作时间后辞职，又找了一份KTV的工作，可见其工作更换频繁，每份工作时间都很短。工作期间，小Q结交了一些社会朋友，学会了抽烟、喝酒、赌博等不良嗜好。小Q的社会关系网络图（仅就家庭系统与同辈群体对比）如下：

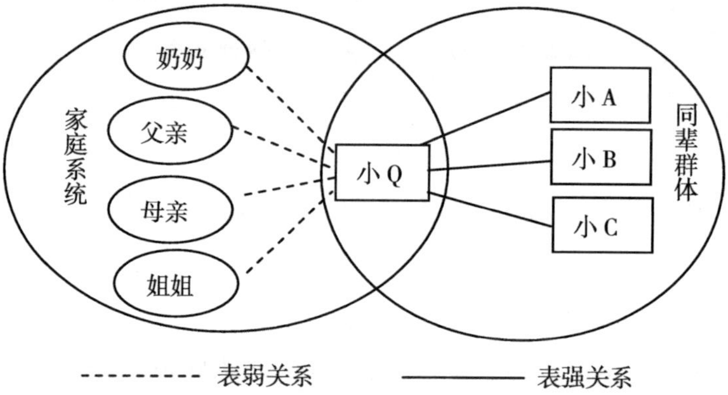

图10-2　小Q的社会关系网络图

从国家亲权的角度看待小Q的问题，作为一个“问题少年”，他正好处于家庭监护不力、不良社会关系影响巨大、相关部门监护缺少补位的境地。从犯罪动力学的角度来看，当小Q离开家庭的监护，与家人仅仅保持一种经济上的“放风筝式”的简单供养时，就为其成长为“问题少年”提供了条件。初中毕业的他只身进入社会，在没有其他保护、支持和管教下，必然会向同类的同辈群体靠拢，也自然会沾染上不良的社会习气，形成一定的越轨行为和偏差行为。在此过程中，由于国家亲权没有启动机制和触发机会，就会让其处于一种家庭不管、相关部门不顾的境地。

（二）观护帮教过程

1.需求评估与目标制定

依据观护帮教要求，从个体、家庭、社交三个方面对小Q进行需求评估并制定服务目标：

个体方面。小Q认为：“此前并未意识到问题的严重后果，本来以为帮朋友出个头没事，没有想到触犯了法律，这次被监管了这么长时间，以后再也不会犯这种错误，父母之后还会继续在广州工作，我之后还是想去广州找一份正式的工作，和父母生活在一起。”（小Q社会调查记录—自述A2）

家庭方面。父母眼中的小Q是一个懂事听话的孩子，事发后，父母不相信他会发生此类行为，可见父母对他的变化缺少了解。小Q的父母虽然非常积极地配合处理事件，愿意对被害人进行补偿，但更多的是希望小Q不要被定罪量刑，也希望他能够多向父母袒露心声。可见，父母在对小Q的管教方面处于力不从心的状态。

社交方面。小Q正处在青春期，由于缺乏基本的教育和父母的引导，导致他在是非观、人生观、交友观以及人生规划方面都处于被同辈群体单方面影响的状态，存在诸多认知偏差与不良习性。小Q的家庭结构虽然完整，但家庭成员管教能力较弱、监护不力，没有发挥应有的作用。

基于此，社工制定了以修缮、恢复有效家庭支持系统、远离不良社会关系影响的服务方案。总目标旨在提升其法律意识，养成良好的行为习惯，帮助建立良好的社交圈，恢复支持系统，最终促进此服务方案融入社会，降低再犯风险。阶段目标分三步走：第一步，通过定期的走访和教育提升小Q的法律意识，增强其对法律威严的认识以及对法律法规的理解，并以此规范、约束自己的行为。第二步，与家庭进行沟通，促进小Q良好的行为习惯养成，改善不良行为习惯，树立正确的交友观，梳理朋友圈，减少与不良朋辈的联系。第三步，联系就业培训和就业支持，帮助小Q获得社会支持，掌握必备生活技能，学习相关就业技能，为就业提供帮助。

2.观护帮教计划与服务过程

根据需求评估和设定的目标，机构制订服务计划：首先，组织小Q参加社会工作服务中心所开展的法治教育小组和社区活动，通过在活动中的潜移默化影响和活动后的沟通交流，促进其树立法律意识、改善行为认知。其次，通过个案、小组活动的方式，帮助小Q进行语言、行为学习，改善其沟通方式和技巧，提升其与家庭成员的沟通频次与内容质量，帮助其恢复家庭系统的支持。最后，联系资源为小Q提供支持，教授其必备生活技能，为其提供就业技能学习，避免再次陷入不良群体交友圈。

服务过程。小Q共参与小组工作、社区活动12次，其中包括法律学习、家庭沟通、社交恢复等内容。在志愿服务中通过社工的逐渐引导，小Q对志愿服务从消极态度转变为有兴趣参与。志愿活动中设置了法律内容的学习，对接了沟通训练后，其在渐进的志愿活动中逐渐培养出了对志愿公益活动的认可与热情。通过自我反思，小Q改过自新，能配合家庭成员治疗、改善家庭关系，恢复家庭功能。为了能够帮助小Q更好地适应社会，并在社会上立足，在观护帮教开展后，机构主要帮助小Q提升自我生存能力。与家庭沟通后，机构社工了解到小Q的亲戚从事门窗及水管道安装工作，通过协调沟通，其亲戚愿意让小Q在店内做学徒。小Q在店内工作数月，学习相关的技术、手艺，并跟随外出安装、维修，至观护帮教期结束已经可以独立完成部分相关工作。观护帮教期结束后，小Q从亲戚店内辞职，前往广州找类似的工作，同父母一起生活，观护帮教服务至此结束。

（三）国家亲权理念检视下的个案服务过程

从上述服务过程可以看出，社工服务均以服务检察院未检业务为核心而开展和进行。从某种意义上讲，检察院的核心业务是判断未成年人是否具备较低的再犯可能性，从而为其提供司法保护，这一业务周期从做社会调查开始到观护帮教期结束，具有非常强的区间性和阶段性。司法社会工作的服务也与这一区间和阶段重合，其服务效果也具有非常强的结果指向，社会调查的结果对是否做出附条件不起诉的决定至关重要，观护帮教的成败直接决定是否提前结束观护考验期而转入起诉流程。然而，之所以要确立国家亲权，目标是保护未成年人，应该在其成长的各个时间区间和各个阶段均有所考虑，如：未成年人为何走向涉罪领域？在其成长过程中在什么环节出了何种问题？这些环节分别由谁来承担何种责任？这些问题又应该得到何种解决？这些都需要结合国家亲权理念去审视。就此次个案来看，未检青少年的观护帮教仅仅是在未成年人涉罪之后启动的阶段性国家介入和司法保护，这不仅对所开展服务的未成年人来说是不足够的，而且对更大范围内的问题青少年存在保护空当。

同时，既然国家亲权理论要求对“不合格父母”给予监护权上的法律评价，那么在此次个案中，这种理论上的法律评价距离现实有多远呢？

在开展社会调查的过程中，小Q父母的意见是："孩子出了问题，我们要帮助他，出钱出力都行，就是不要把孩子送上法庭。"（小Q社会调查案卷—家庭走访记录B2）

如果说国家亲权是国家基于父母对其所具有的监护权行使不足而设定的补充和分割，那么在监护权出现问题时，国家亲权应该有所判断并有所行动。比如，对于"失职父母"进行支持、训导，开展亲职教育和家庭支持，以及最终变更和撤销监护权等。从涉罪未成年人案件来看，现实中普遍认为孩子的问题可简单归结为父母问题，但并没有上升到对其监护权的检视，而这种检视，正是来自国家亲权的检视。这种检视具体可以设置为对检察官法律监督权利的拟制，即如果父母监护权行使不力，检察官就可以基于国家亲权对其监护权提起法律监督，尤其是当所涉未成年人的问题可归咎于父母监护不力时。社工发现，不论是检察院还是公安机关，在涉及未成年人案件时，所启动的法律评价主要是针对未成年人本身的，而不是其家庭。

此案中，检察官的回应是："我们也知道孩子出了问题应该问责家长，毕竟这是未成年人，但一方面，很多出了问题的孩子，家长的管教就是缺位的，我们希望家长能补位或协助教育挽救孩子，如果我们说得重了，他们可能会就此撒手，将孩子完全推给我们，做出一副'爱关关，爱判判，反正我也没办法'的样子来。另一方面，国家在这种情形下并没有这样托底的监护权设置，对于父母亲不管的孩子，很少有剥夺父母监护权让国家来监护的情况。"（小Q社会调查案卷—检察官记录D1）

社工梳理过小Q的社会关系后发现，除了具有简单供养关系的家庭系统外，对其态度和行为影响较大的是朋辈群体。小Q的周围有一个10人左右的小圈子，年龄最大的22岁，最小的14岁，这个小圈子的基本特征是，他们都是初中、中职毕业，由家长放任不管而进入社会，自身具有一定的劳动能力，从事简单的服务行业工作，同辈之间形成相互支持的关系网络，圈子内部在生活态度、行为习惯等方面具有非常强的同质性。家庭关系可分为三类：第一类是父母离异或去世，家庭条件较差，没人管教，很小就出来“混社会”；第二类是与家庭有较弱的联系，比如小Q这种简单供养关系，平时管教和沟通较少；第三类是家里比较有钱，父母大多经商，顾不上管教，对孩子也比较溺爱，孩子花钱无节制，一般在圈子内充当“小金主”的角色。小Q的案件是因为圈子内几人酒后与他人发生口角而大打出手，涉嫌故意伤害，其中一人已成年，被判故意伤害罪，未成年人则被附条件不起诉，进入观护帮教阶段。在对小Q开展观护帮教服务过程中，社工也尝试进入其小圈子，但事发后该圈子分裂，只能通过小Q的自述和同案犯的交代了解小圈子的状况。值得注意的是，这类小圈子本身就处在父母监护权行使不力和国家亲权未顾及的中间地带，而这一地带是青少年从失管走向失序，再走向越轨，继而走向“边缘青少年”和“问题青少年”乃至走向违法犯罪道路的温床。

三、制度建设的“隙地”与国家保护的相对缺位

（一）国家亲权制度建设的“隙地”

国家亲权可以分为积极方面和消极方面。所谓积极方面，是指国家主动承担特定未成年人的监护权，为未成年人成长提供必要的制度设置和保障。消极方面则是指基于国家亲权，启动对不合格父母法定监护权的问责、限制和撤销。从这两个方面来看，我国在未成年人监护权的制度建设上均有设计，但总体发展缓慢，在执行中还存在“制度隙地”。

我国监护人制度本身也是基于国家亲权理念设立并运行的。在制度设计上，目前主要的法律依据是《未成年人保护法》第53条：“父母或者其他监护人不履行监护职责或者侵害被监护的未成年人的合法权益，经教育不改的，人民法院可以根据有关人员或者有关单位的申请，撤销其监护人的资格，依法另行指定监护人。被撤销监护资格的父母应当依法继续负担抚养费用。”这就明确了对不合格父母监护权的不适格的评判及处理。

《反家庭暴力法》第5条规定：“反家庭暴力工作遵循预防为主，教育、矫治与惩处相结合原则。反家庭暴力工作应当尊重受害人真实意愿，

保护当事人隐私。未成年人、老年人、残疾人、孕期和哺乳期的妇女、重病患者遭受家庭暴力的，应当给予特殊保护。”第12条：“未成年人的监护人应当以文明的方式进行家庭教育，依法履行监护和教育职责，不得实施家庭暴力。”第15条：“公安机关接到家庭暴力报案后应当及时出警，制止家庭暴力，按照有关规定调查取证，协助受害人就医、鉴定伤情。无民事行为能力人、限制民事行为能力人因家庭暴力身体受到严重伤害、面临人身安全威胁或者处于无人照料等危险状态的，公安机关应当通知并协助民政部门将其安置到临时庇护场所、救助管理机构或者福利机构。”第21条：“监护人实施家庭暴力严重侵害被监护人合法权益的，人民法院可以根据被监护人的近亲属、居民委员会、村民委员会、县级人民政府民政部门等有关人员或者单位的申请，依法撤销其监护人资格，另行指定监护人。被撤销监护人资格的加害人，应当继续负担相应的赡养、扶养、抚养费用。”这里明确了对被家暴的未成年人进行保护以及对来自监护人侵害的法律制裁。

基于以上法律规定，从国家亲权的消极行使上来看，以下七种情形，国家可以撤销监护权：第一，性侵害、出卖、遗弃、虐待、暴力伤害未成年人以及严重损害未成年人身心健康的；第二，将未成年人置于无人监管和照看的状态，导致未成年人面临死亡或者严重伤害危险，经教育不改的；第三，拒不履行监护职责长达6个月以上，导致未成年人流离失所或者生活无着的；第四，有吸毒、赌博、长期酗酒等恶习无法正确履行监护职责或者因服刑等原因无法履行监护职责，且拒绝将监护职责部分或者全部委托给他人，致使未成年人处于困境或者危险状态的；第五，胁迫、诱骗、利用未成年人乞讨，经公安机关和未成年人救助保护机构等部门三次以上批评教育拒不改正，严重影响未成年人正常生活和学习的；第六，教唆、利用未成年人实施违法犯罪行为，情节恶劣的；第七，有其他严重侵害未成年人合法权益行为的。

从本案来看，严格意义上讲是可以适用以上第二条和第三条的内容的，但在日常生活中，对于“将未成年人置于无人监管和照看的状态”

缺乏可操作性的认定标准，虽然针对有此类行为的父母可以先“教育”，“教育不改的”再撤销监护权，但对教育父母本身，目前的制度及传统观念采取的都是保守谨慎甚至避而不谈的态度。尤其是在传统观念上，普遍认同的还是父母与孩子的天然关系，孩子自身的独立法权并没有确立起来，而传统观念中所谓的“天下无不是之父母”又对不合格父母给予了最大限度的宽容和放任。

如果可以撤销监护权，那这一权能又由谁来执行呢？由于撤销监护权是应申请行为，根据法律规定，可以申请撤销不合格父母监护权的有四类主体：一是未成年人的其他监护人，祖父母、外祖父母、兄、姐，关系密切的其他亲属、朋友；二是未成年人住所地的村（居）民委员会，未成年人父母所在单位；三是民政部门及其设立的未成年人救助保护机构；四是共青团、妇联、关工委、学校等团体和单位。

从国家亲权的积极行使来看，在紧急情况下，公安机关可以将未成年人带离实施侵害行为的监护人，就近护送至其他监护人、亲属、村（居）民委员会或者未成年人救助保护机构，并办理书面交接手续。民政部门应当设立未成年人救助保护机构，对因受到监护侵害而进入机构的未成年人承担临时监护责任。

结合目前的制度建设来看，虽然国家亲权在消极方面和积极方面均有所涉猎，但仍然是框架性地界定在司法和救济两个层面，与理论研究所设计的理想状态存在一定差别。司法层面主要是对不合格父母监护权的剥夺，立法中虽然有“教育”“批评”“撤销”等字眼，但只有“撤销”是有制度性落实的，对于不合格父母的“监护训导”“责令改正”“亲职教育”，乃至“预备撤销”等中间环节都是相对缺乏的。救济层面则主要依靠民政部门承担代位的国家监护责任，对于未成年保护的“家庭中心主义”尚未很好地落实。我国虽然也设立了家庭寄养制度，但主要针对孤残儿童，对涉罪未成年人或父母亲监护权被撤销的案件则很少适用。对于撤销监护权的未成年人来说，每个省份也只有为数不多的案例。现实的运行过程中，这类案例非常之少，2015年，全国首例民政部门申请撤销监护人资格案宣判。[①]撤销监护权的案件之所以很少，并不是因为不合格父母太少，而是因为如果撤销了监护权，国家关于监护人的托底制度设置不足。2015年由民政部门申请撤销监护人的案件，由法院指定民政局为未成年人的监护人，民政部门则会将其监护的未成年人送入儿童福利院。此类案例数量上的偏少并不说明存在此类问题趋少，恰恰说明相应的支持体系并未完善，因为每一个潜在案例背后都存在难以实施和执行的问题。

从上述的法律制度分析可以看出，国家亲权在积极方面和消极方面都存在各自的问题，继而形成了“制度隙地”。首先，撤销监护权的法律规定是有的，但由于最终的归口并未建设好，导致实际过程中撤销监护权仅在极端情形下适用，大多数时候处于备而不用的境地。其次，国家监护的制度建设、机构建设和专业化建设不足，这是国家亲权得以落实的根本保证。最后，基于儿童社会工作理念，“家庭中心”依然是未成年人成长的最佳环境，这就需要在社会中构建可供替代家庭的社会力量，即需要社会力量对接父母被撤掉监护权后的未成年人，我国在这方面的制度设计是较为滞后的，收养制度本身还在完善中，并未充分起到相应的补充替代监护权的作用，社会寄养家庭的规范化建设则尚未起步。

更进一步分析，基于国家亲权理念的逻辑倒推，则可以延伸至在进行婚姻家庭建构时的国家考量和理念侧重。比如，婚姻法所构建的家庭关系摇摆在“家庭本位”和“个人本位”之间，比如婚姻法及其相关司法解释将婚姻家庭在国家层面更多被界定为一种财产关系而非身份关系，其身份关系的部分则更多涉及的是当子女的抚养权需要分割时如何定纷止争，而不是如何通过家庭让子女的监护权得到更好的执行等。在这些问题上，依然需要基于国家亲权去重新界定。最简单的道理是，既然国家要做好准备在一般的监护权出现问题时挺身而出，那么国家就必须在

①详细内容参见《全国首例民政部门申请撤销监护人资格案宣判》，网址为：https://www.sohu.com/a/1364710_117927

沈国酰，王勇．校园欺凌与暴力的特点、成因及防范[J]．教学与管理，2017(11)：14-16.

设定一般监护权时做好使其尽量不要走向偏误的保证，这在国家亲权的概念体系内应该是一脉相承的，否则国家亲权就只会沦为失败的婚姻家庭的“接盘侠”。

（二）国家保护相对缺位：观护体系内外的困境与不足

聚焦于本案的观护体系可以看到，由于近年来开始倡导涉罪未成年人的社会支持体系建设，基于涉罪未成年人的“教育、感化、挽救”的基本理念开始落实，针对未检青少年的观护帮教已开始尝试与推行，尽管在未检青少年观护帮教体系方面还存在很多的困境与不足，但总体而言，如果以国家亲权理念予以衡量，就像未成年人家庭教养中“父亲或母亲缺位”而导致孩子管教不足一样，目前恰恰存在国家保护相对缺位的困境，具体而言有三个方面：

首先，体制内的联动不够。涉罪未成年人是一个司法概念，涉罪未成年人的附条件不起诉制度写在我国刑事司法制度之中，但针对未检青少年大量适用这一制度则是新近的趋势。这一趋势主要从检察系统开始。由于此前针对未成年犯罪的严厉既有制度习惯和思维定式，使得办理和推进此类案件时，除检察系统之外的其他司法机关对此有不理解，继而产生联动不够的状况。有未检办案的检察官坦言：“我们要对16岁的未成年人做附条件不起诉决定，有的公安同志就有不理解的，认为同案中的其他人都起诉了，为什么就因为这个小孩儿不满18岁就不起诉？16岁也达到法定的刑事责任年龄了，完全可以走司法程序的。当然，对我们而言，起诉了倒简单了，有罪就判，无罪就释放。不起诉的话，之后还要观护帮教，对这个孩子负责，其实压力更大，考评中这些工作做再多都体现不出来，而一旦这个不起诉的孩子又再犯了，这就是我们的麻烦。”（小Q社会调查案卷—检察官走访记录D3）

尽管最高检察院提出对未成年人案件不能“一诉了之”，但一方面针对不“一诉了之”的案件，办案如何评价、工作如何考评则需要在检察系统中重新建构；另一方面，在整个司法流程中，起诉只是其中一个环节，还需要联合整个司法系统乃至政法系统对此类案件形成思想、行动和制度上的共识，在侦查、起诉、审判、执行的各环节都予以贯彻，彻底把未成年人案件在制度上设置为“特殊案件”，在司法流程中做到特殊处理和对待，才可能保证体制内的联动效应，真正实现对未检青少年的司法保护。

在此基础上，针对进入司法流程中的涉罪未成年人，也仅仅是被司法系统所发现，在司法系统之外，为青少年提供服务的行政机关、群团组织等体制内的正式组织，也应该与司法系统在未成年人保护方面形成联动机制。如何统一思考、统一规划、统一行动，将处于不同阶段的未成年人、出现不同问题的未成年人、相同问题不同处理的未成年人等予以细分对待，开展联动合作，才能首先在体制内形成对未成年人的亲善环境，也才能在总体上起到保护未成年人健康成长的效果。

其次，针对现有监护权制度的建设性反思不足。我们需要对父母监护权予以重新审视，目前对于监护权的反思性研究依然停留在较为宏大的制度和理念讨论阶段，使得具体执行中的监护权制度大而无当、备而不用。比如，被观护帮教未成年人的父母虽事实上存在监护不力、监护缺失甚至怠于行使监护权的问题，但法律或现有制度却对此保持沉默。目前，监护权制度仅有天然确权和极端撤销两个方面，还需要去思考和确立：在积极方面，国家如何对监护权的行使提供帮助、促进、鼓励和支持，在其出现问题时，如何通过专业方式予以改进和改善，以及当出现严重问题时怎样止损和修复；在消极方面，如何设置监护权不力的专业标准，此标准如何落实与运行，如何针对监护不力开展教育、训导和训诫，如何在撤销之前做到一切必要之措施，以及在撤销之后构建国家监护的完整体系。

最后，社会力量动员与社会支持系统建设欠缺且后劲乏力。在个案服务跟进的过程中，最大的困境就是社会力量动员和社会支持系统建设欠缺，被观护帮教的未检青少年需要来自社会力量的关爱，但目前未上学的未成年人因为受到司法评价而得到来自社会的歧视和标签化，而学校内的未成年人一旦出现此类问题，校方的处理方式往往以将其界定为

“问题青少年”和送入司法程序为主，缺少中间的针对此类“问题青少年”的社会（机构）处理。客观上，能承担此类任务的青少年机构也较少且主要是以项目购买方式的“点”式存在，针对“面”上的服务“问题青少年”的机构还特别少。目前，针对未检青少年社会支持系统建设的主体是“爱心企业”，比如一些仅靠简单劳动即可就业的餐饮店、洗车行等，这些企业仅可构成社会支持的碎片，但无法形成体系。要形成体系，则必须首先有国家进行主体建构，其后才能有社会力量的跟进与补充，否则无法形成服务帮助的长效机制。目前的观护帮教虽然可以对涉罪未成年有所帮助，但由于观护机构的社会性缺失，一旦离开观护帮教期，被观护对象就会重新回到原来的社会环境，观护帮教期内解决的问题，离开观护帮教又会再次出现，导致出现“救得了一时，救不了一世”的困境。长此以往，则会使观护帮教制度处于孤立无援的境地，最终可能功亏一篑。

从国家亲权的角度去考察涉罪未成年人的社会支持体系，则需要将注意力向涉罪未成年人的朋辈群体延伸。随着社会转型加速，社会人员流动不断加剧，家庭的破碎与流动导致越来越多的留守儿童与流动儿童的群体性出现状况，在这种新的社会变迁结构下，传统家庭无力有效应对青少年的成长与监护任务，很多青少年脱离家庭与学校的管教而直接进入社会，出现了大量“三失”（失学、失业、失管）青少年群体。虽然这一群体并非必然会导致犯罪，但大量违法犯罪行为、越轨失范行为却被指因其而起，究其原因，主要为：一是这些群体因为缺少管教和约束，本身就存在对社会造成破坏或犯罪的风险与可能；二是这些群体中形成的亚文化对身处其中的青少年成长造成不良影响。然而，目前对这类群体在其未出现违法犯罪行为前是难以纳入法律评价和司法介入范围的，而对其造成这一群体的家庭监护方面的缺失又是没有进行基于国家亲权的考核与评价的。可以说，对“三失”青少年群体的国家保护是相对缺位的，这反而导致被司法评价的涉罪未成年人得到了观护帮教，而尚未涉罪的问题青少年则行走在涉罪的边缘，成为随时可能引爆的“雷区”。

四、反思与讨论：国家如何在场?

通过对这一案例的分析，需要在以下三个方面进行反思并予以讨论：

（一）国家亲权讨论语境亟须更新

在当下的情形下，必须看到，我们讨论国家亲权的语境基于这样几个因素：

一是不仅仅在司法体制改革的范畴内，还应该在人口结构的范畴内思考此问题。在司法体制改革的范畴内思考国家亲权，其目标指向少年司法的独立设置，这固然是必要的，但更应该在司法体制改革的背后看到社会转型中人口结构变化所带来的问题及其制度回应。社会转型过程中人口结构的变化导致不仅要在人口数量问题上考虑相关福利制度的设置，还需要调整影响既有人口质量和人口位育问题的相关制度。从人口数量的角度来看，根据国家公布的人口增长数据，自2016年起，平均每年的新增人口呈下降趋势，并且正在逐年萎缩。2019年的新增人口数量更是呈断崖式下跌，这一方面说明全面二孩政策在刺激生育方面的作用有待观察，另一方面说明新增人口逐步下降已成为不可避免的趋势。在人口质量上，2016年新增人口中有一半出生于农村，而目前农村正处在向城镇化转型的过程中，大量农村人口外出打工导致了大量的留守儿童和隔代抚养问题。这也就意味着当这一代儿童成长为国家主要劳动力时，有近一半的人口有过留守儿童的经历，基于对留守儿童教育、培养过程的考量，就可以看到未来人口质量的问题。人口数量的减少与人口质量的下降，使得我们必须考虑既有人口问题尤其是关注未成年人的成长问题，这不是简单对单个未成年人和家庭的帮助，更是国家和民族范畴内的问题。

二是不仅在应然的法权结构内，而且还应该在实然的监护权行使状况及其需求内思考此问题。伴随着社会转型，社会竞争压力增大，社会生活节奏加快，家庭的功能逐步发生退化和演变。从该个案可知，有很多家庭已不能或无力为其未成年子女提供必要的监护与管教，家庭作为天然的教育、保护孩子的单元已经发生了改变，制度、法律、政策也应该对此进行回应和调整，或者给予支持，或者提供帮助，或者做出引导和督促等，而不能在原有的对传统家庭功能现象的基础上继续旧有制度与法律的设置。

三是不仅在社会管理和管控的范畴，而且还应该在社会福利与社会治理范畴内思考此问题。关注未成年人犯罪，或者说打击犯罪行为中的未成年犯，依然是社会管理或管控范畴内的思维路径。然而，随着社会的发展与进步，我们更应该看到未成年人犯罪背后的社会福利缺失和照顾缺乏，从服务的角度去看待涉罪未成年人，也应该在多元共治的范畴内思考如何将未成年群体纳入社会治理的框架之内。以上语境，都是当下思考国家亲权问题时应当考量的因素。

（二）国家亲权的核心要义需要重述

当我们在讲国家亲权的时候，是在讲什么？在诸多国家亲权的论述中，在谈及国家亲权理论时，主要与法定的父母亲权相对应，也主要针对不合格父母而设置，即其更多的是一种对父母监护权的评价及补充，这主要与国家亲权理论在西方的社会实践与历史脉络有关，也与研究者意图借鉴参考西方国家亲权理论的初衷有关。然而，结合当下讨论国家亲权的现实语境，我们的目的和侧重点都不应该直接针对父母的监护权，而是应该指向对于未成年人保护的国家责任，以及由此延伸出来的未成年人保护中的家庭中心。即便国家亲权在操作过程中必然涉及对父母监护权的评价甚至干预，但这只是未成年人保护的过程，并非目标。因此，国家亲权的目标在于形成一个“亲儿童”的国家环境，这与传统国家亲权的侧重点的不同之处在于：传统是在既有法权结构内讨论国家亲权之于父母亲权的合法性与合理性，在社会抚养层面的基本想象是每一对父母既在能力上也在意愿上可以很好地抚养和管教与其有监护关系的未成年人；现代化尤其是工业化带来了家庭—社会关系的变化，使得在社会抚养层面事实上存在一些父母在能力与意愿上均无法尽到必要的监护义务的现象，这就使得其子女实际处于脱离监护和无人管教的处境，父母的监护权利也因此必须在保护未成年人这一国家利益下受到限制。国家本身并非以代位的方式行使国家亲权，其本身就是基于对国家的未成年人保护所设置的，就像传统社会为了保护未成年人在法权上确认父母监护权的绝对性一样。

（三）国家亲权的制度建构中应确保多层面的“国家在场”

我们需要什么样的国家亲权的制度建构以及对其如何建构？基于对上述个案的分析，我们应该在三个层面确保“国家在场”：第一个层面是未成年人保护法治体系内的国家在场。需要在涉及未成年人保护的法律规范的立法、司法、执法过程中，均应该贯穿对未成年人保护的理念，让既有的法律规范编织起未成年人保护之网，同时让从司法机关到各类国家机关都认识到未成年人保护的重要性，形成联动机制，避免碎片化运行。第二个层面是对于监护关系的事实考察及提供帮助中的“国家在场”。从保护未成年人的角度出发，去认真考察每一个涉罪未成年人父母的监护责任是否存在瑕疵，这种考察虽然并不必然指向对其父母监护权的干预和撤销，但首先需要对其家庭提供帮助、指引和教育，促使其更好地履行监护权。第三个层面是对国家亲权社会支持体系的建构与完善方面的“国家在场”。应当在国家层面推动对需要帮助的未成年人进行社会福利传递的制度设置，同时推进全社会建立对需要帮助未成年人的支持体系。需要帮助的未成年人应当包括“三失”未成年人群体、涉罪未成年人群体、问题青少年以及因家庭监护不力而出现成长困境的未成年人等。在全社会建立未成年人保护的支持体系，不仅要完善包括民政在内的国家监护体系，更要开发社会中的“寄养家庭”力量，同时建设一支以未成年人保护为目的的专业的儿童青少年社会工作者队伍，从而衔接国家亲权与父母亲权，更好地为未成年人成长保驾护航。

第一章
驻校社工：在留守与流动之间架起一座桥梁[①]

甘肃省临夏回族自治州东乡族自治县，是东乡族主要聚居的地方，西北民歌——花儿的故乡，也是甘肃省脱贫攻坚的主战场。当地人用“这是一群大山坐在一起开会的地方”来形容东乡族自治县的地形地貌。甘肃兴邦社会工作中心（以下简称“兴邦”）于2014年起，积极响应当地政府控辍保学的号召，选派专业社会工作者扎根在东乡族自治县这片热土上深耕细作。

5年的坚守与实践，5年的成长与改变，兴邦人以建设儿童友好型社区的视角，用社会工作专业手法和理念，不断地实践与探索，逐渐形成了“驻校社工+女童助学+教师培训+社区教育”的驻校社工模式。

一、驻校社工——陪伴支持每一位孩子成长

2014年，兴邦成功申请到民政部和李嘉诚基金会“大爱之行”留守儿童关爱项目，通过需求评估、走访调研，最终将项目落地到东乡族自

①本章由甘肃兴邦社会工作服务中心何方撰写，作者系甘肃政法大学2013届社会工作本科毕业生。

治县大树乡，由此，兴邦的驻校社工们踏上了5年的农村驻校之旅。摆生义理事长对5年前的一幕幕还记忆犹新：“记得在项目启动仪式时，适逢一场暴雨，山村泥土道路被毁，进山困难，我们一行人束手无策。幸亏黄家村村主任黄文信，带着一位村民，开着三马子（一种农用车），一边用铁锹填坑修路，一边开动三马子，3公里山路，边修路边前行，整整花了4个小时。路的一侧是深不见底的沟壑，令人眩晕。等我们一行6人到达村子里时，许多人惊出一身冷汗。在驻校社工项目实施期间，兴邦社工也见证了黄家村的变化，3公里的山路已经硬化，路边的绿化杨柳树木郁郁葱葱；政府帮助村里的建档立卡贫困户全部盖了新房；黄家小学低矮的教室也由平房变成了一座漂亮的二层楼；村委会也变成了二层楼；还有一个花园广场，增添了很多健身器材。村民们喜在心里，高兴洋溢在脸上。”

东乡族自治县大树乡的驻校社工陪伴成长项目，主要通过兴邦社工开展一系列兴趣类的艺术课程、素质拓展、个案服务、小组活动、社区活动专业服务，提升当地学生的表达能力、认知能力、人际交往能力和自信心，协助当地学生建立良好的同伴、师生及亲子关系，帮助他们健康全面地发展。该项目主要利用课余时间，与学校文化课教学形成互补，丰富学生的课余生活，开拓学生的视野。

兴邦社工以驻校社工为抓手，搭建资源链接平台，从儿童到学校再到家庭各个层面，发掘需求，评估需求，对接资源，满足需求，在整个过程中将人的能力提升、思想观念的改变作为核心要素，先后对接政府资源、社会资源等各类资源、资金，在东乡族自治县大树学区开展一系列基础建设，修建水窖、粉刷教室、改造厕所、修缮洗澡间、配备体育设施、开展校园硬化等，通过资源链接，在一定程度上改善了当地学校的办学条件。

谈及驻校社工，大树学区团结小学的刘玉强校长说：“驻校社工专门链接资源给学校修建了蓄水池，改善学校的办学条件，让更多的人关注这里的教育，驻校社工生机勃勃、积极进取的精神感染了很多学生和老师，社工们开展了一系列丰富多彩的活动，给学校的教学、全面素质教育的开展带来了很大帮助。”

“生如夏花之绚烂”主题夏令营已成为驻校社工的品牌活动，每年暑假，兴邦社工都会组织大树学区的学生来到兰州，举办主题系列夏令营。社工带着孩子们走进博物馆、海洋馆、大学校园，开展素质拓展训练，让孩子们接触、了解、感知外面的世界，学会坐公共交通工具，学会和陌生人打交道……对很多孩子来说，他们大多数是第一次走出大山，第一次体验城市生活。“举办这样的活动，我们想带他们去看看外面的世界，让学生们亲自去体验，从而激发他们学习的内生动力，期待他们长大后努力改变自己的命运，改变自己的家乡”，兴邦驻校社工南丽强说，“不仅如此，我们还对接基金会资源，每年定期在全学区选拔一批品学兼优的学生，带他们去南京、洛阳、西安等地开展夏令营活动，这些活动对孩子们有很深的影响，甚至可以影响他们一辈子”。

自2014年至今，兴邦在东乡族自治县大树学区开展的驻校社工项目已覆盖到了全学区10所小学，先后开展驻校社工、基础建设等20余个服务项目，项目总资金达560余万元，受益1.5万人次。

二、女童助学——改变一个家庭能影响三代人

据兴邦社工统计，东乡族自治县大树学区每年六年级的毕业生中，女童人数占到一半左右。由于上学晚、语言不通等原因，该县的孩子接受教育普遍较晚，尤其是女童到小学毕业就已十三四岁，因为年龄、结婚、照顾弟弟妹妹和经济等因素会影响女童接受教育，尤其经济条件很大程度上影响家庭对女童是否接受教育的决定。社工在家访过程中发现，90%的家长很愿意让女童接受更多的教育，尤其是完成初中和高中阶段的学习，但是迫于家庭经济条件、年龄等因素的限制，让他们不得不牺牲女童受教育的机会，从而减轻家庭的经济负担。

兴邦社工发现建立一种长期的、可持续的助学计划，不仅能够帮助当地女童完成基本的教育需求，改善女童家里的经济条件，提升当地女

性的社会地位，还能够影响她们的下一代。基于兴邦社工积极响应当地政府“控辍保学”号召，即时开展了东乡女童助学计划，先后通过网络众筹、链接社会资源、申请项目等方式多方筹集项目资金，帮助更多的女童接受教育。

2017年7月，兴邦社工开始在东乡族自治县大树学区10所学校进行走访，了解当地女童的家庭状况，和学校老师一起动员辍学女童返校。通过教育部门、教师、家长和学生的多次沟通，确定了首批90名因家庭贫困无法完成学业的女童，对其进行资助，帮助她们完成学业，从而增加女童接受教育的机会（尤其是初中和高中阶段）。同时增加她们在家庭、学校和社会的保护性因素，减轻家庭的经济负担，提升女童及家庭的文化素质，改善家长、家庭和社区对教育的关注和支持。兴邦社工继续开展东乡女童助学计划，并将规模扩大至东乡大树、大塬两个学区，资助的女童扩大至140名。

“社工老师们会在东乡驻校、扎根，既是对我们的信任，也是为了我们而付出心血，为的是造就一个‘不一样的我们’，给我们资助、发助学金不只是一个仪式，更多的是给了我很大的鼓励与帮助。自己奋斗学习之后领到这些钱，也特别高兴。都是因为社工们对我的鼓励与帮助，让我懂得了，在这个时代，要有文化、读书才可以走出大山，看到更大的世界，将来也能像社工老师一样，为自己的家乡做贡献。”受助女童大树乡团结小学六年级的郑某这样说。

“社工的家访可以帮助老师进一步了解学生，女童助学计划可以帮助女童提高上学的信心，改变家长的思想观念，让家长知道学习的重要性，让他们支持女童上学。”大树中心小学的苗玉蕊老师说。

东乡女童助学计划“关注小学、初中女童，以助学金为杠杆，驻校社工的长期陪伴，影响和改变一个个家庭。”支持一位女童，改变一个家庭，能影响三代人。

15岁的马某慧在家里排行老大，家里的大小琐事常常要她操心，常年干家务的一双粗糙的手与其年龄不符。由于家庭条件受限，父母一度不想再让她继续读书。了解到马某慧的情况，女童资助计划团队通过家访确定了她的资助名额，使其得以继续上学。马某慧的父母也很不容易，虽然思想方面比较保守，但还是很疼爱这个女儿的。通过社工后期的不断劝说，他们也渐渐同意了女儿上学的事情，也比以前更加关心女儿的成绩了。

马某山是土生土长的东乡孩子，家里除了年迈多病的爷爷奶奶外，还有年幼的弟弟妹妹，父母在他们很小的时候就离开了，只留下老人和孩子。没有劳动力，一家人的生活在本就荒凉的地方显得更加艰难。都说穷人的孩子早当家，这句话放在马某山身上一点都不过分。虽然他不过是一个15岁的少年，可在他身上看到最多的是与年纪不相符的成熟。他本不在女童助学计划的范围内，但了解到他是孤儿，而且学习优秀刻苦，因此成为这项计划截至目前唯一一个“例外”。由于家庭条件的限制，他一度有辍学的想法。后来，女童助学计划团队从学校得知他的情况，又去家里走访，最终帮助他顺利上了初一，他的爷爷一直说要让孙子好好上学，长大了要出人头地。

三、教师培训——优秀教师是乡村教育的希望

2018年起，除了驻校社工、女童助学、基础建设等一系列项目继续开展外，兴邦社工还将目光延伸到乡村教师这一群体，开展了“共创可持续发展的乡村——大树学区乡村教师培训计划”，项目通过开展教师培训，提升教师的专业知识和能力，提高学校的教育质量。2018年9月，由兴邦与当地教育局共同主办的“共创可持续发展的乡村——东乡族自治县教师培训”，有来自东乡族自治县大树学区、汪集学区和龙泉学区的共47名教师参加；12月举办了优秀实践教学案例征集活动，先后有200名乡村教师参与到实践教学中，有150份实践教学案例参与评选，兴邦社工还整理印刷了东乡县第一期《实践教学优秀案例集》。

项目通过外出学习、集体备课、集中培训、开展实践教学、优秀案例评选的方式，将先进的课程和理念引入东乡族自治县的乡村教育，目

的是在东乡族自治县建立一个当地教师培训课程的培训者团队，培训团队由大树学区3名骨干教师、师范大学2名教师、兴邦1名社工共同组成。引进“教育的方式以学生为中心，培养学生的自我思考和动手能力，引导学生参与建设自己的家乡，培养学生的社会责任感和家乡主人翁意识，参与促进乡村的可持续发展”的课程理念，提升当地乡村教师的知识水平和教学水平。

骆晓娟是兴邦的一名年轻驻校社工，在她看来，通过5年时间的实践，驻校社工项目已经走向体系化、规范化，“助学金的发放不仅仅是个引子，女童助学计划最大的意义还在于对受助女童长期的陪伴与支持，对于家长思想观念的改变，以及当地尊师重教的氛围的营造。为此，兴邦社工建立了长效的跟进机制，对女童定期家访、对所在学校和老师进行回访，了解他们的学习状况、生活状况；采取‘先考勤，后发助学金’的方式，鼓励和督促家长及时送孩子入学；定期开办家长会、女童线下交流会，搭建女童、家长、老师与社工的交流沟通机制。通过长期的陪伴，关注和支持女童的发展与成长，在这个过程中，还把一部分女童及其家长发展成项目的志愿者，通过他们现身说法，影响和改变周围的家长，这也就是社会工作‘助人自助’的理念。而教师培训则关注乡村教师的成长与发展，从教与学两个层面助力当地的脱贫攻坚”。

四、梦想空间——家门口的社区教育

在服务过程中，兴邦社工敏锐地发现，随着城镇化步伐的加快，大部分农村儿童随父母进城务工就近入学，身份随之发生转变，成为城市流动儿童，他们在“身、心、社、智”等层面需要陪伴和支持。于是，兴邦社工将专业服务延伸至临夏回族自治州、兰州市七里河区等有少数民族聚居的区域，依托全省“三社联动”平台和社会资源，将梦想中心开到了流动儿童的家门口。2018年起，兴邦社工先后在兰州市七里河区西站东路社区、梁家庄社区，临夏回族自治州民主社区、生产社区，建立了梦想空间，将专业化服务送到居民身边。

以社区困境儿童服务为重点，通过开展一系列专业活动，陪伴和支持社区儿童的全面成长。以儿童个人发展，家庭、亲子融入，社会、社区融入三个维度着手，从促进儿童自身发展的维度出发，开展四点半课堂课业辅导、假期课业辅导等常规活动，召集爱心志愿者为辖区内家庭贫困的小学生进行课业辅导。通过制订社区儿童“加油计划”，开展健康与安全、德育与美育、能力培养等主题成长教育小组活动，为社区特殊儿童提供个案服务，助力儿童全面发展。从家庭、亲子融入的维度出发，举办亲子户外拓展活动，增强社区儿童与家长的亲子感情，并针对社区儿童的父母外出多等特点，专门开设了亲情热线，搭建父母与儿童沟通的桥梁；专门开设了针对社区儿童家长亲子教育方面的家长课堂，通过举办家长课堂、座谈培训会等形式，培训家长沟通、聆听、友好互动等技巧。从社会、社区融入的角度出发，先后成立“小太阳儿童志愿服务队”“萤火虫儿童志愿服务队”，使儿童以主人翁的姿态参与到社区志愿服务活动中。通过一系列活动的开展，获得了社区居民的一致认可；在服务过程中把家长变为项目的志愿者，先调动家长志愿者参与到各类活动中，再通过他们影响其他社区居民，进行口碑传播，以此宣传社会工作、扩大社工的影响力。

通过5年的实践，兴邦社工逐渐在“留守”与“流动”之间架起了一座桥梁，逐渐探索出了以“驻校社工为核心，女童助学计划为支撑，乡村教师培训为抓手，社区教育为依托”的项目体系。搭建资源对接平台，改善当地学校的办学条件，在这个过程中发掘和培养本土社工人才、志愿者队伍，逐渐形成“四大主要服务板块+多元化筹集项目资金+人才培养在地化+与当地政府协同配合”的可持续发展模式。从学生个人、学生家庭、乡村教师、乡村学校、所在社区五个层面做出改变。也许这个改变需要5年、10年，甚至更长的时间，但兴邦社工会一直坚守在这片热土上，发挥社会工作的专业优势，助力当地的教育扶贫。

第二章
留守儿童家庭关系与家庭角色调适个案①

一、案例背景

案主小才（化名），女，12岁，父母离异，与爷爷奶奶生活在一起，父亲因外出打工而常年不在家，已组建新的家庭，平时较少关注小才，每年只是过年回一趟家。小才从小由爷爷奶奶带大，在她小时候所有人告诉她，爷爷奶奶就是她的“爸爸妈妈”，所以在她的认知里，她有爸爸妈妈，还有哥哥和姐姐，自己是一个幸福的孩子。但是在她9岁的时候，所谓的“爸爸妈妈”告诉她，她认为的“哥哥”其实是她的亲生父亲，她的母亲在生下她之后就离开了，而她所认为的“爸爸妈妈”实际上是她的爷爷奶奶。小才无法接受现实，不愿意承认她是被亲生母亲抛弃的孩子，而且父亲也不关心她，这种被欺骗的感觉使小才沮丧了很长时间。亲戚邻里告诉她，对她有所隐瞒是为了使她能健康快乐地成长，都是为了她好。于是，为了不让家人失望，小才选择接受现实，继续保持以前的家庭关系，即使她已经知道自己以前称呼的“爸爸妈妈”是爷爷奶奶，但是她依然没有改变称呼，因为她没有办法转换自己的感情。社工是在假期参加扶贫活动的调研期间发现了这名服务对象的，于是询问小才是否愿意参加活动，她小心翼翼地表示愿意参加。在之后的接触中，小才

①本章由甘肃北辰社会工作服务中心马吓夫叶撰写，作者系甘肃政法大学2020届MSW毕业生。

主动向社工讲述了自己的经历和家庭关系，社工根据小才的实际情况制订了具体的服务方案。

二、案例分析

（一）服务对象的问题分析

1.心理方面

小才虽然在9岁的时候就知道了自己的真实家庭关系，但这个事实起初对其生活没造成严重影响。在知道事实后的这几年，她在家人面前尽量掩饰自己的情绪，但每当她独自一个人或者看到其他朋友和父母的相处模式时，心情难免会沮丧。随着年龄的增长，这种情绪越来越严重，因为爷爷奶奶年龄大了，对她的一些行为和爱好不理解，没办法满足她的一些需求，导致他们之间的隔阂越来越大，小才自己也陷入了迷茫和无奈之中。刚开始认为自己已经接受的事实现在也慢慢变得无法适应，“改口”成了她最苦恼的一件事。

2.家庭方面

小才的爷爷奶奶对其管得较严，除了上学之外，回家后基本不让她外出，她要么写作业，要么帮忙做家务。她虽然表面上是一个性格开朗活泼的女孩，但是比较敏感，不论面对家人还是外人，与别人相处的时候都是小心翼翼的。爷爷奶奶除了在生活上能照顾她之外，学习上没办法辅导、帮助她，加上现在上初中只有周日半天回家的时间，所以小才与爷爷奶奶的交流越来越少，基本没有多少共同话题。父亲有了自己的家庭之后对她也是关注得少，只有每年回家的时候才会给她买些东西，见面之后也只是简单了解一下学习情况，所以她与父亲的关系很疏远。

（二）需求分析

1.对自我角色的混淆

小才有一个美好的童年，爷爷奶奶给她的爱足以满足她的需求，她自己也能扮演好所谓“女儿”的角色。而当这种角色发生转变之后，她要将之前作为“女儿”的角色转变为“孙女”的角色。在此之前，她没有以“孙女”的身份生活过，所以她不确定能否扮演好这个角色。对于自己的父亲，虽然小才表面上还是之前的相处模式（“哥哥”与“妹妹”的相处模式），但她内心还是更希望亲生父亲能多疼爱她一些，给她更多的关注。如何才能得到父亲的疼爱，也让小才很苦恼。

2.与爷爷奶奶的相处模式及情感的调节

在小才9岁之前，她与爷爷奶奶的相处模式完全是以父母和子女的相处模式生活的，但知道真相后，即使真实的身份已经明确，也没有人刻意地去转变原来的相处模式。小才与爷爷奶奶在相处中出现问题，一方面是随着她年龄增长，需求不断增多，爷爷奶奶没办法一一满足；另一方面是小才对爷爷奶奶的情感依赖，在知道自己的父母另有他人后，她的这种情感认知开始出现混淆。小才对奶奶的情感依赖很深，但是奶奶的身体一年不如一年，如果奶奶去世了，对小才来说就失去了最重要的精神支柱。她也想将这份依赖转移，唯一合适的对象就是她的亲生父亲。这就需要社会对他们的家庭关系进行适当的调节，使其回归到正常的状态，从而帮助小才进行情感的适当转移。

3.家庭关系转变之后父亲角色的缺失

9岁之后，小才的内心其实会有自卑感，一方面是因为自己没有母亲，另一方面是父亲并没有尽到应尽的义务，导致父亲角色在她心里产生缺失。研究表明，父亲角色的缺失对于儿童来说不仅仅是缺少了父亲的照顾，更重要的是儿童在心理上体验到了很强烈的被排除和被拒绝，这种感受不仅影响儿童的心理健康，而且在未来的生活中，有的儿童会将这种排斥学习模仿下来，作为处理社会关系的方法，这将影响其社会适应性。现在小才陷入了一种矛盾的状态，既想见父亲并和他增进感情，又由于一见面双方的相处模式还是处于“兄妹”的尴尬状态，不知道如何打破这种情形。我们一方面要弥补小才缺失的父爱，另一方面要转变她与父亲的相处模式，让其回归到正常自然的父女关系，慢慢增强他们之间的感情。

三、服务计划

（一）介入理论

1.家庭结构理论

家庭结构是指具有血缘、姻缘及收养关系的成员共居和生活在一起所形成的各种家庭类型。家庭结构分析是对同一时期各种家庭的成员关系类型、组成方式、构成比例的变动及其原因进行探讨，旨在透过家庭相对静态的存在形式观察其成员的生存方式，通过结构状态认识家庭的功能。

2.社会生态系统理论

生态系统是指在自然界的一定空间内，生物与环境构成的统一整体，在这个统一整体中，生物与环境之间相互影响、相互制约，并在一定时期内处于相对稳定的动态平衡状态。就人类而言，个体的生存是依赖于一个系统的，个体所生存的系统在社会工作视角下被称为社会生态系统。系统是一个抽象的模型，一般来说，系统是由多个部件组成的一个体系，如两个或两个以上的人组成一个组，这个组可以被看作一个系统，由丈夫、妻子、子女、父母或房屋等组建成为一个家庭，这样的一个家庭可以被看作一个系统。一个人的行为来自于一个系统的作用，这是人类行为与社会环境形成的结果。同时，人的行为影响着社会环境，社会环境的变化又会改变人的行为，这样的相互影响构成了一个作用机制相互关联的社会生态系统。

3.角色理论

美国社会学家乔治·米德提出角色扮演理论，他认为社会化的实质是角色扮演，即学会理解他人对于角色的期待，并按照这种期待从事角色行为的能力。随着社会化的不断发展，社会就如同一个大舞台，每个人在舞台上扮演不同的角色，全社会在演一场没有彩排的戏，每个人都是编剧，自己的角色自己设定。“社会角色”就是指与人们的某种社会地位、身份相一致的一整套权利、义务的规范与行为模式，它是人们对具有特定身份的人的行为期望，它构成社会群体或组织的基础。

（二）服务目标

1.指导小才适应自己在家庭角色转变中所实际承担的角色，抛开之前的角色身份。通过学习和观察，在生活中的点滴事物中潜移默化地转变身份，减轻其心理负担，让其回归正常生活状态。

2.帮助转变与爷爷奶奶的相处模式，使她意识到自己不能以对爸爸妈妈的要求去要求爷爷奶奶，学会理解他们。社工在此期间调适他们的家庭关系，使他们对各自的角色有正确的认知，使家庭关系回归正常。

3.使小才和父亲适应各自的角色变化，改善她与亲生父亲的关系，使她能得到父亲更多的爱，弥补缺失的父爱。

（三）介入策略

第一阶段：从小才自身的认知入手，她对自己在家庭关系中角色的变化处于一种无所适从的状态，既不想保持原有的家庭关系，又没有办法去适应新的角色，因此我们需要帮助她处理这种困扰，使她自己能够去改变和适应。

第二阶段：社工需要与小才的爷爷奶奶进行接触，取得他们的支持和配合，转变他们与小才的相处模式，共同努力使家庭关系正常化。

第三阶段：改善小才与父亲的关系，社工分别与其父亲和小才本人交流，询问他们各自对关系改善的建议，共同制订合适的方案，增强父女关系，使父亲对小才的爱不缺失。

四、介入过程

（一）重新定义新角色，适应身份的转变

1.描述家庭成员和家庭环境

社工让小才对其家庭结构进行了详细的陈述，期间，社工画了一幅家庭结构图，再让小才具体描述家庭中每个成员扮演的角色以及地位和功能。她表示，家里爷爷地位最高，扮演着一家之主的角色，负责放牧、养活一家人；爸爸虽然经常不在家，但是在家中的地位也较高；奶奶具体负责家人的生活；由于奶奶身体不好，小才平时也会帮着做一些家务。与其他人相比，她与奶奶的关系最亲密，经常会聊一些学校和自己朋友的话题，奶奶也是最疼爱她的人。小才说，她小时候经常与爷爷奶奶一起睡，长大之后就自己一个人睡，自己也很懂事，平时不会惹他们生气，家庭氛围整体较好。

2.观察和学习别人的角色扮演

在了解了小才的详细情况之后，社工发现她自己对现在的角色有一定的混淆，即使知道自己的真实角色，但她却不知道以何种形式呈现出来。社工要求小才回去观察一下周围同龄人是如何与爷爷奶奶相处的，询问他们与爷爷奶奶之间的相处模式，并记录下来。之后见面的时候，小才将自己记录的信息向社工讲述，她表示自己有时候和别人谈起所谓的“爸爸妈妈”时，难免会有些自卑，会疑惑为什么自己的父母和别人的不一样，为什么他们不年轻，偶尔会羡慕其他同学。但是现在他们的身份转变成爷爷奶奶后，她其实内心有一些轻松，至少之前的那种自卑不存在了。其实，她内心已经接受了这种角色的转变。社工告诉小才，可以从向别人介绍自己的家人开始尝试改变，在外人面前称呼他们为“爷爷奶奶”而不是“爸爸妈妈”，从一点点的细节中去改变，最后自然而然会适应。

3.懂得向亲生父亲“索取”

长达9年以“妹妹”身份生活的小才，在她眼里，“哥哥”是一个可有可无的角色，不论是从物质方面还是精神方面，她都不会对“哥哥”有太多的期待。而现在作为女儿，她应该学会去要求亲身父亲为自己做一些事。父亲长期缺少对小才的关爱，如果她主动提出自己的需求的话，对父亲来说也是一件值得慰藉的事。社工首先让小才回去主动给父亲打了个电话，虽然只是简单的寒暄问候，但是却让她感受到了温暖，社工要求小才每周或者两周一次给父亲打电话聊天，增进两个人之间的感情。一段时间后，小才告诉社工，现在已经会和爸爸讲一些自己的烦恼和需求，他会给自己出主意，也会想办法满足她的需求，让她有了做女儿的喜悦。

（二）双向理解，适当转移情感，摆脱依赖心理

相较于年轻父母抚养孩子来说，爷爷奶奶有可能会溺爱孩子，这在一定程度上会影响孩子的性格，让孩子变得自私、不讲理。社工与小才在几次接触后发现，其实孩子都有不懂事的时候，随着她年龄的增长，有时候和爷爷奶奶说话会觉得沟通不畅，对他们的管教也会不耐烦。小才向社工讲述，自己家隔壁曾经住了一对俄罗斯夫妻，每年夏天会来这边住上几个月，他们很喜欢小才，相处久了之后有了感情，表示愿意资助小才去西宁上好的学校，但是爷爷奶奶却极力反对，她就错失了这次机会，现在每次想起这件事，她都会埋怨爷爷奶奶，埋怨他们不重视她的学习，没有给她一个更好的条件。其实，隔代抚养的问题更多的不是孩子离不开老人，而是老人离不开孩子，他们想一直把孩子留在身边，为孩子的未来考虑得少一些。社工指导小才用换位思考的方法考虑事情，如果自己是奶奶的角色会怎样处理这件事情？因为爷爷奶奶是老人，难免会思想守旧一些，所以不应该像别的小孩要求自己的父母那样要求爷爷奶奶，可以耐心一些，学会理解他们。社工同时向爷爷奶奶教授了一些与孩子相处的技巧，比如支持孩子的一些想法，要承认孩子已经长大并且迟早会离开他们，要放手让孩子自己学会成长，爷爷奶奶可以将对孩子的注意力转移到娱乐或者自身的健康方面。小才也要试着慢慢摆脱对奶奶的情感依赖，将更多的依赖转向自己的父亲。通过社工的介入和指导，小才与爷爷奶奶的相处模式适当地得到了改变，她不会对爷爷奶奶提一些超乎他们理解能力的要求，会耐心与他们沟通，并更多地去照顾和理解他们。爷爷奶奶对小才的管教也不像之前那样严格，让她多与同龄人相处，尽量理解她的行为和想法，支持她的一些决定。相处模式得到改善之后，小才慢慢适应了角色的转变，能更好地扮演孙女的角色。

（三）弥补缺失的父爱，给予情感上的支持

在得知自己的真实身份后，小才开始对父亲有了期待，希望能得到他更多的关注和爱。她知道父亲有自己的家庭，而且与继母和同父异母

的妹妹关系较疏远，但是既然已经知道了自己的身份，她认为父亲应该承担起做父亲的责任，若父亲一如既往地忽视她，对于小才来说无疑是二次伤害。据小才回忆，父亲曾经回来的时候，自己鼓足勇气喊了一声“爸爸”，但是他却装作没有听到，从那之后她就再也没有喊过“爸爸”。社工让小才将自己理想中的父亲和现实中的父亲画两幅画，在理想中的父亲那幅画中，她画了父亲面带微笑地看自己的孩子玩玩具，画中孩子也是喜笑颜开的。而现实的那幅画中，父亲和孩子在两个空间做着各自的事情，他们面无表情，貌似两个陌生人。社工之前要求小才给父亲打电话，二人交流效果较好，之后社工主动给她父亲打了电话，向其说明了小才对他的期待和感情，希望他能更多地关注孩子，给她更多的情感支持。小才的父亲表达了自己的苦衷，但是他自己也很想弥补女儿，所以现在也会常常询问她的近况，小才需要钱的时候也会转一些给她用，有机会的话会常常回来看小才。后来，小才给社工打电话开心地说父亲回来了，给她买了新书包和衣服，还带她去吃了好吃的，两个人的关系更加亲密了。

五、服务评估

（一）目标达成情况

通过社工3个月的个案服务，小才基本上已经接受了自己的角色，虽然生活中还时常混淆对家人的称呼，但是在社工面前已经完全改口，角色认知得到改变之后，行为也会逐渐改变。经过几次的接触和帮扶，小才愿意自我觉察，首先通过改变自己的认知和行为去适应角色的转变，其次在社工的帮助下获得爷爷奶奶的理解和支持，最后将情感转移，拉近与父亲的距离，建立起父女之间的情感桥梁。这些改变为小才提供了良好的成长环境。

（二）服务对象的现状

1.对“我是谁”有了全新的认识

根据“家庭系统理论”，家庭成员的问题是整个家庭不良的沟通交流方式造成的，小才虽然不存在严重的问题，但是由于家人对她善意的“欺骗”，使她无法像正常的家庭那样生活。经过一段时间的社工服务，小才已经完全适应了自己的角色，会像其他人一样对待爷爷奶奶，会主动向父亲提要求，偶尔会撒娇，刚上初一结识新同学时会介绍自己的爷爷、奶奶和爸爸，在外人面前能够很轻松地改口，不会因为自己没有母亲而自卑，性格也变得更加活泼积极。她表示，自己已经将在爷爷奶奶面前的“女儿”角色转变为“孙女”角色，也将面对父亲时的“妹妹”角色转变为“女儿”角色，现在已经有信心做好每个角色该承担的责任，没有了之前的烦恼，生活变得更加美好了。

2.理解是消除隔阂的一剂“良药”

爷爷奶奶之所以不能完全承担父母的角色，是因为祖孙之间有较大的代沟，彼此之间的不理解是感情出现裂缝的导火索。社工向小才讲述了老年人的特征和需求，要求她换位思考。之后，小才仔细地观察了生活中的爷爷奶奶，发现了他们的不容易，自己也做出了相应的改变，如耐心与他们说话、积极地沟通、主动承担更多的家务、不让他们操心、让爷爷奶奶开心等。社工进行家访之后，小才表示爷爷奶奶发生了很大的转变，对她的要求不像之前那么严了，而且还会认真听她的意见，她感受到了被重视，内心得到了满足。消除了隔阂之后，祖孙的感情更加深厚，相处模式也变得愉悦轻松。

3.行动是表达感情的重要依托

小才与父亲的电话联系越来越频繁，两个人之间的尴尬逐渐消失。父亲在小才步入初中、开启新生活的时候回来帮她准备需要的东西。对于小才来说，初中是寄宿制，因为是第一次离开家，焦虑和担忧使得她开学前几天都不能正常入睡，父亲的陪伴使她消除了这些不良情绪，让她对初中生活充满了期待。父亲还承诺她过年回来给她买个手机，并答应暑假带她去和自己一起生活，这让小才很兴奋，意识到她是有爸爸的孩子，得到了她所期望的亲情。情感的表达并不能完全用语言来展示，更多时候，一个行动胜过千言万语。社工看到小才如此开心，感到很欣慰，孩子们的快乐很简单，满足他们其实不难，只需要我们多关注。

六、专业反思

社工在个案服务中扮演着服务提供者、引导者、协调者、中介者等角色，每个个案都有其独特性，不能完全按照通用模板进行服务。小才的家庭或许是特殊的，在一般人眼里似乎还是匪夷所思、无法理解的，但是社工要秉持专业的价值观和伦理观，客观地剖析这种现象发生的深层次原因。其实纵观当今社会，留守儿童现象很普遍，尤其农村的比率更高，这是城市现代化进程中衍生出来的一种现象，而隔代抚养之所以会出现孩子们把爷爷奶奶叫“爸爸妈妈”的现象，也是一种无奈之举。孩子在成长过程中，父母的角色不可或缺是人们的普遍观念，留守儿童问题随着时代的进步越来越多样化和复杂化，父母出于现实会选择外出务工，于是老人就进行了角色的补位，充当起孩子“爸爸妈妈”的角色，目的只是单纯地为了孩子能健康成长，使他们能够得到更多的爱。但是就社会伦理而言，这种现象虽有违常理但又情有可原，而社会工作作为一门专门为人服务的专业，更加需要去关注这些问题，发掘问题产生的原因并提出相应的调整对策，使家庭关系回归正常状态，家庭成员的角色更加明确清晰，为隔代抚养下的留守儿童营造良好的成长环境。

第三章
预防性青少年校园欺凌服务项目设计[①]

一、项目背景

校园欺凌是校内学生之间一方通过肢体、语言及网络等手段实施欺负、侮辱，造成另一方（个体或群体）身体伤害、心理伤害、财产损失、人格侮辱或精神损害等的事件。校园欺凌通常在校园周边或僻静处，或是在校园公共区域发生的欺凌事件。自2015年以来，最高人民法院审结校园欺凌案件1000余件，其中故意伤害比例较高，因口角、小摩擦或满足个人私欲而进行的抢劫、敲诈勒索、强迫卖淫、侮辱等案件占比约12%。校园欺凌事件对“欺凌者”“被欺凌者”“旁观者”“学校”及当事人家庭均产生了不同程度的危害。开展预防性青少年校园欺凌项目是社会工作者价值伦理和工作任务的要求，更是协助学校、社区做好《校园欺凌治理》的要求。

开展预防性校园欺凌社工服务可以有效地配合学校和社区做好校园欺凌的治理工作。同时，社区工作中“辖区青少年保护”和道德建设工作也提出了具体要求，依托社区，服务学校，立足项目，精准服务。甘肃省兰州市西固区X街道Y社区，辖区有一所公立中学和公立小学，学校

①本章由甘肃柏草木社会工作服务中心俞丁山撰写，作者系甘肃政法大学2013届社会工作本科毕业生。

有一至九年级学生共600余人。自足于省上的社区服务项目，项目组社工已经和学校、教师、社区和社区工作人员、学生及家长建立了良好的沟通机制和服务关系，具备实施预防性校园欺凌社工服务的现实条件。

二、服务对象选取及确定

（一）选取标准

1.以前在学校遭受校园欺凌的学生及有欺凌过往史的学生；据家长反映已遭受或可能遭受校园欺凌的学生；社区知晓的校园或社区校园欺凌事件的当事学生。

2.面临过校园欺凌事件处理的教师和其他有意愿参与预防性校园欺凌服务的教师。

3.发生过校园欺凌事件的涉事家庭，特别是学生的监护人。

4.参与社区青少年服务及入学青少年服务的社区工作者。

（二）选取办法

1.学生自愿报名+教师指导报名+社区意见参考。

2.对接学校确定参与教师人选。

3.以家庭为单位报名+社区意见参考。

4.对接社区确定参与人员。

（三）选取人数

1.Y社区中学学生24人，小学学生36人。

2.Y社区中学教师3人，小学教师5人。

3.Y社区相关家庭8个，社区工作人员4人。

三、需求预估

学生层面：校园欺凌现象发生因素和危害的认知需求；校园欺凌现象发生后的应对措施和自我保护知识学习需求；校园欺凌的社会危害性及法律后果学习需求；“欺凌者”施暴动因和“被欺凌者”受欺凌原因认知需求；“被欺凌”恐惧心理及焦虑情绪处理需求。

学校层面：预防校园欺凌事件发生措施学习需求；欺凌事件发生后紧急应对措施需求。

教师层面：对青少年心理和行为学习认知的需求；依托学习和家庭建立有效沟通预防欺凌事件发生的需求。

家庭层面：培养孩子应对和处理欺凌事件能力的需求；掌握和发现孩子面临欺凌风险和发生欺凌事实的需求；危机处理和批评教育的需求。

社区层面：联合学校和家庭协同做好社区青少年普法宣传，杜绝校园欺凌发生的需求。

四、服务目标与介入策略

（一）服务目标

总目标：通过学校、社区、家庭、学生的多主体预防，学习预防知识，认识事件的危害性和社会影响，多个角度进行主体教育和能力建设，减少和消除校园欺凌事件的发生，营造一个平安和谐的校园学习环境。

具体目标：让学生、教师、学校、家庭、社区扮演好各自的预防角色，正确认知欺凌事件，学习应对技巧，做好正面积极宣传工作，有效降低欺凌事件的社会危害性，协助青少年培养健康的心理和积极的情绪。

服务周期：2020年4月1日至7月31日。

项目实施团队：项目实施团队有社工师1人，助理社工师3人，心理咨询师1人，项目督导1人。

（二）介入策略

1.以学生为对象的介入策略

开展焦点小组3个，在焦点小组让服务对象在自由开放、不受约束的讨论氛围下各抒己见、畅所欲言，从而获得真实可靠的数据。以模拟法庭形式普及法律知识、构建同辈群体关系网络、实际案例小组共创、融入绘本分析讨论等形式多样的活动，保证知识的有效输出，提高青少年法律意识，加强青少年人际交往能力，扩大青少年安全保护圈，促使青少年能够正确认知及识别校园欺凌，并可以做相应的自我保护。

校园欺凌应对措施分享与模拟培训。实施分享和模拟培训各2次，通过开展主题分享会，以实际案例的形式，以欺凌者、受欺凌者、协助者及重要旁观者为主要服务群体，建立分群体，进行一对一帮扶结对，进一步了解欺凌与被欺凌的概念界限。同时链接专业的律师或律师志愿者专业援助团队，对青少年、教师及家长开展欺凌模拟培训，以线下的实操模拟促使家长及教师关注青少年的行为与心理变化，防止欺凌事件的发生。

青少年犯罪预防案例教育分享沙龙。沙龙分享的形式自由、轻松、开放，其中穿插案例教育。通过建立班主任、父母和社工合作，由志愿者、心理咨询师、少管所工作人员共同参与沙龙机制，将最贴切最容易发生的案例通过角色扮演、沙龙读书会并结合线上QQ、微信、微视频等沙龙模式进行教育呈现，以咨询问答、探讨交流、主观体验、兴趣增能等为主要内容，设置第二课堂沙龙兴趣小组等丰富多彩的特色活动，让学生在特色活动中锻炼，在特色活动中提高，在特色活动中成长。以自主参与、互相对话和交流体验等方式，引导青少年从自身预防做起。

校园欺凌恐惧与焦虑心理疏导教育学习小组。链接专业社工心理师或志愿者心理师组建070心理援助团，以欺凌发生的欺凌者、受欺凌者、协助者及重要旁观者为主要服务群体，建立分群体、点对点的连线帮扶对子。对欺凌事件中不同角色进行心理干预的同时，还应关注事件中的不同角色本身，了解其心理反应，针对他们的实际情况提供适当的心理疏导。对于不主动实施校园欺凌，但可能成为欺凌者和协助者的学生，要充分了解其行为动机和深层原因，为其提供不良情绪的宣泄渠道，有效管控其“躁动”“叛逆”等负面心理情绪，舒缓学生成长的心理压力。对于欺凌事件肇事者，要让其明白并且体会自己的行为对他人造成的后果，使其因为懊悔而不是因为害怕惩罚而停止不良行为。最为关键的是，要保护受欺凌者的自尊心和自信心。

2.以学校为对象的介入策略

预防校园欺凌事件发生的措施分享与梳理，恢复和发挥家庭系统的教育和保护功能。通过专业的社会工作者、学校的教师等各方的努力，举办家长学校，组织亲子活动，加强父母和子女的互动沟通，协助家庭形成民主型的教养方式，使家庭成员之间能够互相尊重、平等交流，家长对子女既有约束又有鼓励。举办家庭活动，使各个家庭成员参与其中，努力营造和谐的家庭氛围，引导和利用朋辈群体的正向功能。社会工作者可以发展“同伴支持”活动，发展反欺凌的学生志愿者组织，努力引导使朋辈群体的价值观、行为标准符合社会主流的价值观。

欺凌事件应对措施与处理方式的分享与梳理：(1) 协助学校管理部门正确处理校园欺凌事件。学校自身在处理校园欺凌事件中常常存在一定的不足之处，例如解决方式欠妥，对于认定责任的方式“一刀切”，处理结果常常难以让学生家长信服等。当校园里出现欺凌事件时，学校社工应及时介入，运用专业的知识对事件做出准确评估，采用相关的工作方法协助学校有关部门进行处理。一定要秉持公开、公正、及时的原则，引入赋权的理念，让学生当事人参与整个校园欺凌处理的过程。对于事件的处理，首先要让校园欺凌的施害者认识到这是绝对不能被容忍和姑息的事情，是一定要付出代价的；其次要对受害者进行及时的心理疏导，如果受到暴力攻击的话，应及时对受害者进行治疗，同时可以拿这一事件对其他学生进行教育，起到警示作用；最后，学校对于施害者的处理应该尽量避免简单的标签化。(2) 引导教师多关注学困生。多数教师的目光经常会聚焦在学习好的学生身上，对于学困生常常会比较忽视，学困生由此会觉得自己不被重视，变得自卑或者想得到别人的重视，从而容易成为校园欺凌的施害者。因此，学校社工应该积极引导教师兼顾学生的成长发展，看到每个学生身上的独特优势，做到因材施教，实现真正的教育公平，从源头上杜绝校园欺凌的发生。(3) 协助建立良好的师生互动关系。教师是学生在学校最常接触的人，在中学阶段，学生和教师在一起的时间甚至比和父母在一起的时间还要多。当学生遭到欺凌时，首先会想到的求助对象是教师，可以看出教师在处理校园欺凌事件中扮演着非常重要且特别的角色。因此，建立并改善师生关系，可以让学生感到更加安全，在面对欺凌时不会陷入无力绝望的处境。

3.以家庭为对象的介入策略

应对和处理欺凌事件能力建设小组。预防及处理欺凌事件不仅需要青少年个人的努力及改变，更需要家庭的介入。有的家长在得知欺凌事件之后，并没有积极地进行口头回应，也不知如何采取措施去尝试解决问题。家庭教育影响着学生的认知及行为，家长对校园欺凌的认识、界定和态度直接作用于学生。以家庭为对象的介入策略旨在通过多种途径提升家长的应对能力，帮助家长判断孩子的异常行为并提高关注度。应对和处理欺凌事件能力建设小组，运用社会工作专业技巧和方法，通过小组技巧和团体活动，提高家长对校园欺凌事件的认知和判断能力，并启发家长感受及时处理欺凌事件的重要性。通过对小组中组员的互动和相互学习及社工的合理引导，使家长更加深刻地意识到欺凌事件的重要性，并学习相关的应对欺凌事件的措施。

欺凌风险评估和事实确定小组。引导帮助家长对每一个欺凌行为采取应对措施。很多校园欺凌事件没有得到严肃处理，从而愈演愈烈，如果只将校园欺凌行为当作“恶作剧”对待，认为是学生争执而淡然处之，只会为校园欺凌埋下更多隐患。由此，常态化防范的缺失直接导致极端恶劣的个案爆发。在这种认识前提下，开展欺凌风险评估和事实确定小组，一方面有助于帮助家长评估欺凌的风险程度，了解校园欺凌对孩子生理及心理的危害，另一方面可以帮助家长界定校园欺凌，了解校园欺凌发生后的应对措施。小组以不同层次的校园欺凌为案例，以评价风险的技巧为指导方法，以事实影响为重要警示，提高小组成员交流、沟通及处理能力，从而正确认识校园欺凌，正确应对校园欺凌，及时遏止校园欺凌。

4.以社区为对象的介入策略

社区青少年普法宣传活动。社区牵头联系地方司法所，以图文、影视、演出等多种形式开展普法宣传教育，特别是青少年校园暴力的形式、危害性等。以教育和预防为目的，警示辖区的青少年预防校园欺凌，远离校园欺凌，杜绝校园欺凌。

五、成效测评

1.问卷调研法

服务结束后，通过电子问卷的形式进行调研。以服务对象为类别发放电子问卷，调研学生、学校、家庭、社区对预防校园欺凌项目的服务过程，对服务成效进行定量化评价。根据电子报告测评服务内容的适切度、服务进程的合理度、服务目标的达成度。

2.访谈法

分别从学生、学校、家庭、社区四个参与主体选取访谈对象，拟定服务成效访谈提纲。通过访谈，了解访谈服务对象参与此次服务的接纳度、融入度，参与服务的数量和进程，在接受服务后对自身的切实影响等，这些对预防校园欺凌具有现实意义。

3.实验法

组织4场次模拟实验，分别是受欺凌者面临欺凌的应急处理措施实验，欺凌事件发生后教师和学校的应对措施实验，受欺凌孩子家庭对孩子心理关注和权益保护实验，以及欺凌者在欺凌行为发生后接受学校、家庭、法律教育和问责实验等，以实验的形式考察服务的成效。

4.自评法

项目组社工对整个预防性校园欺凌项目的实施及成效进行自我评价。

第四章
始于支持，终于成长——双盲个案服务[①]

一、案例背景

甘肃北辰社会工作服务中心作为兰州市“三社联动”试点项目承接机构之一，入驻S社区。为了进一步扩大社工在社区的知晓度，增强宣传效果，社工将宣传阵地转移到了S社区内的各个小区，利用社区内的公共场所，开始了社工入驻社区的前期宣传工作。

二、案例预估

（一）服务对象的基本情况

小Z，10岁，在1岁时被诊断为脑性瘫痪，目前身体发育迟缓，但智力水平较高，能清晰表达自己的想法，与他人交流无明显障碍。小Z的人际交往圈主要是家庭内部成员，没有同龄朋友和玩伴。小Z的日常生活主要由其祖母负责照顾，家人是小Z重要的经济和情感支持者。

小S，19岁，小学时遭受过校园暴力，在17岁时因情绪失控导致暴躁等问题，因问题异常显著，便退学在家。心理医生治疗时将其诊断为双向情感障碍，曾入院接受治疗，在康复的过程中需要社工辅助治疗帮助其建立社会支持系统，拓展人际交往圈。如今，小S情况有所好转，在

①本章由甘肃北辰社会工作服务中心温雅撰写，作者系甘肃政法大学2019届MSW毕业生。

父母的看护下可参与简单的社会活动，目前母亲为小S的主要监护人。

(二)小Z与小S基本需求分析

根据小Z祖母的需求表述，并结合小Z目前的情况来看，小Z的主要问题是适龄教育的缺失，分析得出小Z主要有以下需求：(1)学习需求，主要包括适宜学习环境的营造，针对其学习能力的授课内容的安排，小Z良好学习习惯的培养和自主学习能力的提升等；(2)同辈交往的需求，主要包括伙伴关系的建立，同辈交际圈的扩大和巩固等；(3)教育正常化需求，随着小Z年龄的增长，需要帮助小Z接受专业教育。

长期的就医经历严重阻碍了小S的社会交往，其主要需求表现为：(1)心理病症康复的需求，社工以志愿者的身份融入社区，帮助小S提高社会交往能力，而且这种帮助本身就包含治疗的成分，目的在于帮助小S尽快康复；(2)社会交往的需求，帮助小S建立新的交往圈，增强其存在的价值，丰富其生活的意义；(3)不良情绪的调节和合理表达。

三、服务计划

(一)双盲个案介入理念的产生及初步尝试

掌握基本知识成为小Z目前最主要的需求，同时为他适时入学奠定能力基础。小S则需要一个参与活动的平台，重新学习建立社会支持网络的同时培养他的自信和对生活的感受度，让她能够适时地表达自己的情绪，学会关爱他人。

从需求来说，二者是有契合的，这种契合表现在两个方面：一是小Z的社区教育由志愿者提供，小S可以胜任作为小Z教师的角色。二是心理医师建议小S多参与志愿活动，教学工作有助于发挥小S的主动性，在可控范围内提供一个安全的参与平台，实现治疗目标。授课前期，社工对小S的状态进行调整，授课过程中社工与小S妈妈则全程跟进，及时处理意外事件，从而降低服务风险。

如何促使二人达成良好的双向互动，同时满足他们的现实需求？在此我们拟采取“双盲个案”尝试介入。之所以采用双盲介入方法，是因为该方法来源于对罗森塔尔实验的借鉴。对“双盲”的理解可以有以下两点：一是指两位服务对象互不知晓对方的具体情况；二是指服务对象并不真正清楚本次服务的目的以及在这个过程中自身扮演的真实角色。

（二）双盲个案服务目标

1.小Z与小S互为被照顾者与照顾者，共同成长。

小S与小Z都属于特殊服务对象，有着异于常人的身体及精神状态，社工从小S和小Z自身的优势与可发掘的潜能出发，更多地看到他们发展成长的可能性。照顾者的角色更为积极、主动，更重要的是，照顾者的角色能够让服务对象体会到价值和尊严，认识到自己是有用的人，其生活态度也会随之发生积极的转变。

2.发掘服务对象潜能，促进服务对象的相互支持。

社工是外在助推系统，加强服务对象成员间的支持是从内部建立联系，促使服务对象从被动接受照顾到主动照顾他人的生活角色的转变，他们有能力成为彼此成长的促进者，同时解决自身问题，达到双向成长。小Z和小S有明确的亟待满足的需求，他们自身也拥有各自的独特性和个别性的价值，这是社工和服务对象共同珍视的潜能，是帮助服务对象发生改变的关键。

四、实施过程

小Z与小S互助网络的建立，是以二者需求的契合为介入点。针对二者多样的需求与接案的不同时间点，社工在不同的时间段采取不同的具体介入方法，引进多元主体，采用专业与非专业相结合的方式，全面系统地帮助服务对象解决问题，满足其需求。具体实施阶段如下：

第一阶段：综合来看，小Z具有学习的能力，在这一阶段，社工主要帮助小Z联系适合学习的学校和特殊教育服务机构。经多次交流对接后，小Z因多种原因放弃进入社会服务机构学习的机会，小Z妈妈表示，小Z现在只需学会基本的小学知识即可，并且能够掌握一定的学习能力。

第二阶段：社工以“三社联动”项目为平台，链接社区及高校志愿者资源，征得小Z监护人的同意后，将小Z的教学场所从学校转移到了社区，由社工与志愿者为其提供不间断的教育，保证小Z基本的扫盲需求。

我们采取“社工+师范大学志愿者”的服务方式，以提高小Z学习能力、培养小Z学习习惯为目标，以丰富多彩的课程内容拓展小Z的知识面，营造一个良好的学习环境和氛围，为双盲个案的实施创造互助场景。与此同时，以各类儿童活动为辅助，邀请孩子组成“小小志愿服务队”，建立小Z同辈支持网络。同时，让小Z接受残联的专业康复训练，社工专业与康复专业结合，促进小Z康复。

第三阶段：小S开始进入小Z的社区教育网络，这一阶段是双盲个案服务方式发挥作用的主要阶段。小S的授课内容以多媒体课程为主，在这个过程中，需要社工加强与小S的沟通交流，帮助其设计小Z的授课内容，小S要与社工商议，同时要兼顾小Z的课程需求，需要不断地与小Z交流。这是小S能力提升的过程，也是他建立自我价值感的过程。

第四阶段：小S在参加社区活动的过程中，也在不经意地接受社区系统带给他的治疗效用。同时，心理医师对小S的治疗也在不断跟进，社工保持与小S心理医师的信息交换畅通，互相反馈辅导消息，共同致力于小S服务目标的实现。

第五阶段：小Z在社工的帮助下，顺利获得区教育局提供的送教上门服务，社区教育的延续性和专业性得以保证，小S社区志愿活动参与的目标得以实现，社工同时开始进入下一阶段的社区服务。

五、双盲个案服务评估

（一）纵向与横向服务效果对比

社工在教学过程中，会不定时将小Z的学习效果与他同龄的男孩子做横向比较，可以看出小Z的记忆能力较好。结合各方对小Z学习的观察和反馈，大家普遍认可小Z的进步。但在前后测量的过程中，社工对测量工具、测量方式并没有进行细致处理，可能会出现一定的偏差，后续的服务过程中还需继续调整，尽可能准确评估服务效果。

（二）碰撞与磨合，服务对象互助成长

小S在为小Z授课期间，对小Z身体状况的同情与爱心是支持小S做志愿者的最大动力，这是小S的优点所在。在这个过程中，小S会有所反思并不断改进，将阻碍转化为正向问题。社工将小S为小Z准备的教学内容、双方课内的互动、对话的语气和肢体动作等，都进行了详细的监控和把握，一是保证课堂安全，二是对小S和小Z的成长和转变轨迹的记录，以便社工及时调整介入计划。

六、反思与小结

（一）治疗目标隐藏在服务对象互相支持的过程中

社工在引入双盲个案之初，服务对象存在两个盲点。就小Z来说，他实际上充当了助人角色，对小S来说，是社工在帮助他做社会康复。治疗目标隐藏在服务过程中，避免了服务对象对自我的否定，使他们可以从更加积极的角度出发，提高自己的生活适应能力。通过帮助对方解决问题而满足自己的需求，这种帮助在于弱势群体作为被照顾者角色的改变和自身能力的提升，真正体验到生活的乐趣和自己存在的价值，更有信心融入社会。

（二）特殊病患双盲个案介入存在风险，需谨慎控制方式与进程

双盲个案介入是需要其他助人环节的辅助和支持的。在个案服务的过程中，社工会发现服务对象面临的问题是多重的、复杂的，双盲个案强调特殊群体内部的支持，是解决服务对象繁杂问题的技巧之一，需要链接多种资源协调处理。因为这是初步尝试，在整个过程中还存在很多不可控的因素，同时也存在服务对象知情同意和服务保密之间的伦理困境，为了更好地达到治疗效果，在此过程中包含一些有益的尝试性方式，诸如服务对象监护人知晓同意、签订安全协议等，以便处理相关问题。要确保服务对象双方在安全稳定的氛围实施，是本次介入过程中最需要关注的问题。

第五章
少年儿童假期冬夏令营社区服务案例[①]

一、活动背景

社区工作是推动基层社区治理的重要途径。据调查，在较为偏远的城市社区，每年寒暑假学龄期儿童就会面临教育难的问题，白天家长需要上班，无人照管的孩子们独自待在家容易出现安全问题；由爷爷奶奶照看的孩子们却又得不到良好的教育。在兰州市民政局“三社联动”沙井驿试点社区，甘肃北辰社会工作服务中心对于此类弱势群体采取了直接服务的模式。社工用精心设计的冬夏令营活动，让孩子们开阔视野、放松身心、增长知识，同时给他们提供参与集体生活、锻炼与人融洽相处的机会。这种活动不仅可以解决家长的后顾之忧，也以健康科学的方式促进孩子们的健康成长。

二、活动目标及意义

(一) 总目标

丰富社区儿童的假期生活，提高少儿的社交能力和学习能力，为社区儿童健康成长营造一种健康向上的社区氛围，推进和谐社区的建设。

---

①本章由甘肃北辰社会工作服务中心梁惠撰写，作者系甘肃政法大学2017届MSW毕业生。

（二）具体目标

1. 以开设文化艺术课程的形式在社区内开办假期夏令营，吸引学龄儿童参加活动，每期活动招收40名儿童，每期活动时长30天左右。

2. 搭建社交平台，建立学龄儿童微信交流群，方便信息沟通共享。

3. 招募社区志愿者，将“热心居民”从服务对象转化为服务伙伴。

三、理论和方法

（一）社会学习理论

班杜拉的社会学习理论强调观察学习在人的行为获得中的作用，认为人的多数行为是通过观察别人的行为及其行为的结果而习得的，依靠观察学习可以迅速掌握大量行为模式。冬夏令营活动中儿童通过观察和模仿文化艺术课程教师的行为，可以磨炼耐心、提高注意力，对他们的学习和生活会产生很大的帮助，同时可以发掘儿童潜能、促进儿童自我实现。

（二）系统理论

系统理论指出，在小组内部组员之间存在着一个系统，在这个系统中，组员之间相互影响、相互作用，在互动中要考虑到组员相互作用的结果，小组是一个整体，每一个组员的决定都会影响整个小组的活动。在活动中，总有一些小朋友会因为客观或自身原因半途而废，但朋辈群体之间的一种刺激和鼓励能对其产生正向的促进作用，并在人际沟通中体现自身价值，增强人际交往能力。

四、活动过程

（一）活动宣传与前期招募

通过张贴海报与线上发布活动介绍和招募公告，吸引假期无人看管的儿童参与活动。

（二）活动过程

1. 设计调查问卷，内容包括社区儿童的兴趣爱好，假期生活的主要内容、主要方式，假期生活安排是否合理，儿童假期生活和社区教育的需求以及假期生活的监护人是否到位等问题。

2.根据调查问卷数据，分析社区儿童社区教育的需求状况，策划假期冬夏令营活动。主要包括音乐启蒙、舞蹈表演、书法绘画等内容的艺术课程设置和户外素质拓展活动。

3.分析社区现有可利用资源，挖掘潜在可利用资源。为冬夏令营活动做好前期准备，如活动场地协调、师资力量配备、活动物资购买、组织社区儿童报名以及建立参加活动儿童联络平台、课程设置等。不同环节安排社工或志愿者随时跟进。

4.根据策划方案和课程设置上的时间如期安排开展活动，并根据课程进行过程中出现的实际问题随时做出调整。

5.在活动开展过程中，发现具有参与热情且业余时间比较充足的家长，将他们发展成为活动志愿者，协助授课教师组织和管理参与活动的儿童。

6.活动结尾举办社区儿童冬夏令营结营仪式。邀请家长参加结营仪式，将社区儿童在冬夏令营活动过程中完成的作品做出展示，并对活动过程中表现突出的优秀个人给予奖励。

五、服务达成情况

通过参加寒暑假定期的冬夏令营活动，参加活动的社区学龄期儿童完成了从之前的缺乏照看和自由散漫的模式，向具有一定组织纪律性和可以接受文化艺术教育模式的转变。家长从孩子参加活动之前的担心和焦虑变得较为安心和放松，可以在上班时间将孩子托付给社工。

冬夏令营多样化的课程设置和丰富的内容，如启蒙太极、少儿舞蹈、音乐表演、绘画艺术、书法等课程有效激发了孩子们的兴趣特长，满足了他们认识世界和加强同伴之间交流沟通的需求，锻炼了他们人际交往的能力，同时满足了家长对孩子进行社区教育的需求。

六、社工反思

儿童期是人生的初期阶段，儿童也是社会人群中的一部分，具有类似于成年人的各种需要，如爱的需要、学习的需要、游戏的需要和社会化的需要等。

（一）儿童青少年社会工作的目的

儿童青少年社会工作指在社会工作专业价值观的指导下，社工根据儿童青少年的生理心理特点、兴趣爱好、动机需求、家庭背景等状况，充分运用专业的理论、方法和技巧，协助儿童青少年解决问题、恢复功能、适应社会，促进儿童青少年全面发展的一种服务活动和服务过程。儿童青少年社工的介入目标层次也很复杂。不过，因儿童青少年社工是在“家校社区”等综合“育人”环境中实施的一种社工专业服务，这种专业服务的目的应该与“育人”的综合教育的整体目标相一致。因此，儿童青少年社会工作的目的是为儿童青少年提供一种有利于学习的环境与条件，并协助儿童青少年克服困难、解决问题，以此获得合理的心智与行为发展，恢复与发展正常的社会功能，从而适应现在及未来的生活。

（二）儿童社工的角色

社工常常以多学科团队方式或个案管理方法为儿童青少年提供服务，从这个角度看，每名社工都是一个管理者，他们也需要策划、协商、执行、评估等管理技巧。在这里，社工可能要承担“团队领导者”的管理职责，并兼具“协调”的功能。如要求社工有能力理解与厘清服务对象与多种服务之间的关系，梳理不同的学校、社区与服务机构之间的关系。社区服务机构是最常用的资源，但在社区与学校中又有很多其他可以利用的资源未被利用，对此，社工则成为预先干预团队的个案管理者，个案管理者的角色已为社工解决儿童青少年的问题提供了可以支持的资源。

（三）社工的实务理念

社工在为儿童青少年提供服务之前，必须先对他们的情况有完整的评估，包括对他们的家庭、学校、社区以及个人在社会、认知、情绪、生理等方面的功能做一个完整分析，才能全面地认识与理解儿童及其所需解决的问题。然而，许多社工常常参考疾病或医学模式，仅仅在儿童青少年身上找问题，忽略了孩子、家庭与其环境状况之间互动时的问题以及他们的优势资源。对此，社工需要利用“生态系统理论视角、优势视角、赋权理论视角”构成的实务概念，完整地衡量孩子们错综复杂的生长环境及其发展潜能，之后再界定儿童青少年的需要与问题。

第六章
涉罪未成年人社会调查报告案例[①]

一、案例背景

（一）基本情况

案主，小王，男，事发时17岁，初中文化，事发时正于L市务工。2018年3月，犯罪嫌疑人小王在L市X区，在附近家属院的花园小便时被门卫值班的孔某发现，小王被孔某制止时，双方产生争执。后小王去音乐餐吧叫来唐某、王某等，一起找孔某和郑某夫妇二人纠缠，随后小王一行六人用砖块、啤酒瓶、板凳殴打孔、郑二人，致孔某倒地，又用脚踹其身体后逃离现场。犯罪嫌疑人小王涉嫌故意伤害一案，2018年3月由郑某报案，经审查于2018年4月立案侦查，犯罪嫌疑人小王于2018年4月被派出所抓获。

（二）成长经历

小王自出生之后，与其父母和姐姐一起生活，家庭经济条件较差。小王成绩一直处于班级靠后位置，初一后期开始接触学校中的不良朋辈群体，开始在学校参与打架，但没有校外人员参与。初二后期开始出现持续性逃学、上网等行为，对学习提不起兴趣，学习成绩下降较快，有

①本章由甘肃北辰社会工作服务中心付珣撰写，作者系甘肃政法大学2019届MSW毕业生。

较强的厌学情绪。小王成绩较差，不愿意继续读书，最后在家属的要求下，初三转到技校读书。上技校后，小王仍然无心学习，继续逃学、上网，还与同学和朋友一起出入酒吧、KTV等娱乐场所。小王一直希望退学，不愿意上学。在小王遭遇了一场交通事故后，家人与小王达成了退学的共识，正式办理了退学的手续。小王退学以后，没有找工作，经常在外和一群同样没有上学的未成年人出入网吧、酒吧、KTV等场所。闲玩1年后，小王和父母一起到广州打工，3个月后又回到L市工作了2年，其职业主要是在KTV等场所当服务员。

小王在初中前与其父母一起生活，家庭经济来源仅靠其父亲务工所得。其父亲脾气较差，经常酗酒，时常以打骂的方式教育小王。有时候父亲还会因为小事情殴打小王，小王对父亲当时的行为极其反感，经常与父亲发生矛盾，以致父子关系一直很紧张。2016年后，其父亲务工的工厂倒闭，小王父亲便与其母亲一同到广州务工，小王的生活习惯变得更加自由散漫。

二、案例分析

（一）个体状况

1.个体综合特质

小王在15岁时，初三转到技校学习电工。由于遭遇一起交通事故退学回家，闲玩在家1年之后，和父母一起到广州打工，3个月后又回到L市X区工作了2年，其职业主要是在KTV等场所当服务员。2年期间，小王与外出广州打工的父母通过电话和微信保持联系，由于小王工资每月1000多元，父母每个月还给他打1000元左右的生活费，其生活的主要来源是父母。

2.个人生活习惯

纵观小王自身的成长经历，其对学习鲜有浓厚的兴趣与想法，初中退学回家后，将更多的时间花费在网吧、酒吧、KTV等娱乐场所，生活状态较为懒散，加之父母在外务工，更使他养成了不良的行为习惯。

3.法律法规认知状况

由于小王初中未毕业，文化程度较低，法律意识淡薄，案发时并未意识到涉嫌犯罪，再加上小王本人有一定的侥幸心理，认为自己即使被抓也只是会被派出所拘留几天和罚款。

目前，小王对所犯案件悔罪意识较强，认识到自身的行为对受害者造成的伤害以及对社会的不良影响，并且开始理解法律的意义，具有较强更正自己错误行为的意愿。

（二）问题分析

1.心理方面

在父母少有陪伴的情况下，小王和奶奶一起生活，父母忙于生计，对于小王的关心和照顾也只是通过电话偶尔联系。奶奶的年纪较大，对于小王也会有过多的纵容。小王在没有家庭严格管束的情况下，开始不重视学习成绩，认为读书无用，应该做自己喜欢的事情，所谓自己喜欢的事情就是和自己同样不读书、逃学的同学每天在一起。小王表示，他习惯了这种自由散漫的生活，心理上也非常接受这样的生活，因此在退学后，将时间花费在网吧、酒吧、KTV等娱乐场所，生活状态较为懒散。

2.社会方面

从以上小王的个体状况可以看出，由于从小和父母在一起的时间较少，家庭对其生活影响较小，父母较少的陪伴导致小王近几年开始“放纵”自己。小王表述，自己将时间花费在网吧、酒吧、KTV等娱乐场所，开始结交不良少年，什么事情只要自己内心不舒服，都会用拳头解决问题。从小没有在父母的庇佑下成长，小王认为外面结交的朋友才是最好的，遇到问题大家会帮忙，因为身边每个人都在做这个事情，所以没有认为这样的事情是错误的。小王不仅受到朋辈群体的影响，而且从自身成长的主环境转换到现在经历的次环境，在适应了次环境后，将次环境变为了主环境，继而影响到自身的认知和判断。

（三）需求分析

1.内在因素

（1）个人行为史

小王在触犯法律时尚未成年，正处于青春叛逆期，此时的小王需要父母更多的关心、陪伴、理解、支持，但是父母一直在外，缺乏对小王及时的关心、支持。小王平时喜欢去网吧、酒吧、KTV等娱乐场所，也喜欢把时间花在这些娱乐场所中。在朋辈群体影响下，小王的认知出现偏差后形成了不良行为习惯，在案发时殴打了孔某夫妇后，他并未意识到已经涉嫌犯罪，也存在一定的侥幸心理，认为自己即使被抓也只是会被派出所拘留几天和罚款。社工在介入阶段首先评估了服务对象的认知偏差问题，分析了导致其不良行为的因素，制定目标进行引导，修正偏差。

（2）态度

父母长期松懈的管理模式，让小王一直处于散养的状态。意识层面，小王认为父母不再管教自己，自己可以选择想要的生活方式。在学校，小王经常逃课、逃学，开始和学校里与自己有同样行为的同学一起玩耍，面对教师和同学的疏离，加之自身不喜欢读书学习，辍学后更没有家庭和学校的管束，小王更加自由散漫。小王对自己的未来没有规划，因为父母每月都会给生活费，辍学后的他去广州和父母一起务工3个月后，又回到老家。在与小王交流的过程中，小王认识到自己的认知偏差以及对待犯错误轻慢的态度，表示自己愿意努力改正，并回归到正常的生活中，希望可以得到检察机关不起诉的决定。

2.外在因素

（1）家庭状况

小王家中有父母、姐姐、奶奶五口人，父母均为小学文化程度，姐姐为高中文化程度。父亲于2016年前为某工厂工人，母亲务农，2016年工厂倒闭后前往广东打工，直至2018年5月前从未回家。小王便一直和奶奶一起生活，相较于父母，小王更喜欢奶奶。在他的印象里，父母给予自己的关心较少，即使每周会打电话，仍无法让小王对其父母敞开心扉，他们之间不仅有隔阂，还有很强烈的距离感。小王还有一个姐姐，姐姐于高中毕业后先后在兰州、西安等地打工，在姐姐外出务工前，小王与其交流较多，小王认为姐姐能够理解他，也会关心他。在小王于L市X区务工期间，姐姐常去看他，并会给他生活费。在小王的意识里，奶奶和姐姐才是生活中有印记的人、对他有影响的人。

（2）社会关系状况

小王性格较为内向，读小学期间都比较听话，没有与人发生冲突、打架等情况，与村内村民相处和睦。初中至技校学习期间，小王处于叛逆期，但并未有不良行为发生。在小王于L市单独生活期间，其父母与小王保持基本每周2至3次视频或语音通话，但其父母对小王的交友以及工作并不了解，他们更关心小王的安全。小王在校期间的朋辈群体主要是学校的同学，尤其是在学校无心学习，经常打架、上网的学生，其朋辈群体组成相对复杂，对小王的影响较大。小王到技校后，和以往的同学联系较少。小王到KTV做服务员期间认识了一些具有不良行为习惯的社会人士，在交往一段时间后，小王认为与他们一起一定要讲义气，除此之外，小王再无其他人际交往关系。

三、服务计划

（一）服务目标

1.具体目标

（1）恢复服务对象小王和原生家庭的内在联系，建立起家庭的外在支持，为小王的积极改变提供持续动力。

（2）完成社会调查报告，客观、真实、科学地分析犯罪原因和评估再犯风险。

2.总目标

形成完整的社会调查报告提交未检部门，为是否需要被附条件不起诉提供量刑的参考。

（二）介入策略

第一阶段：司法社工尝试按照设计的社会调查工作流程进行具体操作，首先面见了涉罪未成年人，以他的个人经历为访谈背景，了解他的成长经历、家庭背景，在此过程中，让他意识到自身的偏差行为。

第二阶段：联系他的家人、学校、社区，通过实地走访对与未成年人生活环境相关的人员进行访谈、寻求资源，帮助其纠正自身的偏差行为。

第三阶段：依据司法社工了解到的涉罪未成年人的经历、家庭背景、犯罪事实记录和社会生活史，分析其犯罪的原因和社会支持，评估其社会危险性与再犯风险等。

第四阶段：形成完整的社会调查报告并提交未检部门，为是否需要被附条件不起诉提供量刑的参考。

四、介入过程

（一）第一阶段

时间：20XX年X月X日

地点：L市X区看守所

参与人员：涉罪未成年人小王、司法社工

介入重点：进一步收集小王的资料，与小王建立相互接纳、相互信任的工作关系，倾听小王对自身故事的叙述，评估小王的需求。

主要内容：社会工作者主动介绍自己的身份和主要工作内容，与小王进行第一次面谈。社会工作者以平等的位置和角色与小王展开对话，小王向司法社工描述了自己的经历。根据小王的描述，司法社工了解到小王与其奶奶的关系较好。奶奶患有高血压，也经常会受到高血压并发症的折磨。小王小时候经常同父亲吵架，也经常会被父亲殴打，为此，奶奶让小王同自己一起生活。

司法社工采用会谈法，用通俗的语言营造舒适的交流氛围，把服务对象放在同自己平等的位置上进行交流对话。服务重点不是小王犯罪的问题，而是让小王倾诉自己的成长经历，并提出问题引导出小王的需求，了解他的内心世界、现今最大的困难、最难解决的问题，观察他如何看待自己、认识自己。第一，小王认为自己辜负了母亲的关心，让家人为自己担心，奶奶年纪大了，加上身体不好，不想让奶奶为自己担心，怕自己的事情让奶奶病情加重。社工在此过程中将问题外化，引导小王不要担心奶奶的病情，奶奶的疾病是身体本身导致的，将奶奶的身体问题和小王进行分离。第二，引导小王认识到自己身上积极的一面，引导小王积极面对现在的处境，让他为自己做的事情勇敢承担后果。

通过第一次面谈，司法社工取得了小王的基本信任，初步建立了专业关系。

（二）第二阶段

时间：20XX年X月X日

地点：B社工机构、小王家

参与人员：小王的父母、小王的姐姐、司法社工

介入重点：恢复小王和其父亲的关系，取得家人的支持，建立起家庭的外在支持，为小王的积极改变提供持续动力。

主要内容：根据检察机关提供的小王父母的联系方式，司法社工和小王的父母取得了联系，预约了见面的地点。司法社工表露了自己的身份，说明已与小王面谈后，小王的父母相信了工作者的身份，后期和司法社工继续保持联系。经过和小王父亲的交流，社工了解了小王家庭的细节。小王父亲所在的工厂倒闭后，其父母都去了广州务工，在过节期间才有时间回家；小王的母亲会通过电话的方式关心他的生活和学习，但是通话次数相对较少，由于在成长关键期，父母均对小王缺少陪伴，导致小王对父母的接纳度较低。司法社工电话联系了小王的姐姐，其姐姐表示小时候小王在家也常与她沟通交流，她很遗憾小王会犯下这种错误，但是她认为小王是因为不懂法才会犯下错误，希望法律能够宽容还是未成年人的小王。

司法社工将小王在看守所的情况告诉其父母，其父母表示因为自身的原因造成小王误入歧途，希望可以和小王恢复关系，重新建立起情感支持。

（三）第三阶段

时间：20XX年X月X日

地点：小王家

参与人员：涉罪未成年人小王、司法社工

介入重点：将小王自我认定的“罪魁祸首”“少年犯”两个核心问题拟人化、外在化，帮助小王认识到自己积极的一面。

主要内容：在第一次面谈的基础上，小王对司法社工有了更进一步的了解并且给予了信任。小王发现司法社工对自己尊重、接纳、不批判，小王愿意和社工继续进行对话交流。在第二次对话过程中，社工继续倾听小王建构自己过去的经历和故事。在对话中，小王提到了主线故事的“罪魁祸首”，即认为奶奶现在病重是由自己导致。小王害怕被起诉，担心自己会成为一个有“劣迹”案底的人，他不想被起诉。

司法社工问“奶奶之前的身体状况怎么样”时，将此问题外化，引导小王相信奶奶病情严重这个问题不是他造成的，而是随着奶奶年龄的增长，加上一直有疾病缠身导致的，将问题和小王进行分离。小王一直不想被起诉，司法社工引导小王认识到自己身上积极的一面，让小王积极面对现在的处境，树立自信心，并且要勇敢承担起自己所做的事情会产生的结果。

社工：奶奶之前的身体状况怎么样呢？

小王：奶奶一直有高血压，她不吃药，经常会发病，有时候站着就晕倒了。

（四）第四阶段

时间：20XX年X月X日

地点：小王家

参与人员：涉罪未成年人小王、司法社工

介入重点：改写故事，重塑小王对于当下和未来生活的愿景。

主要内容：经过前面三次面谈，小王对司法社工已经产生了绝对的信任。司法社工和小王一起努力，让小王自己延伸出新的故事，重塑对于当下和未来生活的信心和愿景。

社工：你被执行附条件不起诉决定，回家以后，一起和父母生活的1个月，你们是怎么相处的呢？

小王：和父亲开始有了沟通，他也隐藏了他的脾气，我找到了一份好的工作，每天按时上下班，不会结交社会上的人，到了晚上一家人一起吃饭。

社工：奶奶现在的情况怎么样呢？

小王：奶奶已经开始每天坚持吃药了。

社工：你还认为是你的原因导致奶奶病情加重的吗？

小王：不会了，但是我希望奶奶的身体可以更好。

社工：你希望谁能看到你的改变？

小王：希望父母看到，不想再让他们失望。希望奶奶看到，这样她会认为我已经长大了。

司法社工引导小王重构了一个自己期望的、有家人陪伴的、家庭和谐的新故事，让小王保持对未来的信心。在此阶段，司法社工进行社会调查，并提交调查报告给未检部门的案件承办人员，将具体情况向检察官陈述，检察官依据小王案件的事实、重新犯罪的可能性，再结合司法社工提交的社会调查报告，综合评估小王是否适用附条件不起诉决定。

五、介入效果及服务评估

小王是由检察院转介给社工的是否附条件不起诉的未成年人，在检察机关开展涉罪未成年人社会调查过程中，引入司法社工作为第三方力量参与到涉罪未成年人社会调查工作中。在此过程中，司法社工被赋予70%的权利作为检察机关的助手全程参与社会调查，司法社工成为全程参与涉罪未成年人社会调查的主导力量。

在检察人员的带领下，司法社工前往看守所与涉罪未成年人小王进行交流，首先使用专业技能（接纳、尊重、不批判、同理），使涉罪未成年人能够信任司法社工，帮助他们吐露自己的生活环境、成长经历，使社工能够从中了解到服务对象的问题所在和服务对象的需求。

对涉罪未成年人进行社会调查，需要与小王建立专业的互动关系。在此过程中，小王的内在与外在层面有了很大的改变，并且也意识到自身的偏差行为。内在层面，小王自我反思状态较为积极，社工试图从了解小王的内在世界，明白他的症结所在，即在父母鲜有的陪伴下，朋辈群体的关心能让他在内心上得到慰藉。通过一系列工作的开展，小王能够认识到寻衅滋事等不法行为的严重性和危害性。同时，小王能够慢慢梳理成长经历过程中的不良行为习惯，也能够从积极视角挖掘自身的优势，在肯定自己的同时也在修正自己的行为，使自己不要偏离正确的轨道。小王开始尝试规划自己的未来，努力改正懒散的行为习惯，克服懒惰的心理，使自己获得成长。同时设立目标，尽快适应社会，能够以全新的生理、心理状态回归家庭和社会。外在层面，司法社工在同小王联系时，也对其家庭展开了调查，充分了解了小王的家庭情况，获得了父母对小王的理解与支持，父母表示在以后的生活中会一直陪着小王，他们会辞去广州的工作，给他更多的关心与爱护。

最终，检察机关综合评估小王的再犯可能及社会危险性，对小王做出了附条件不起诉决定。可以看出，司法社工参与未成年人社会调查工作达到了一定的效果。

六、专业反思

依据“教育为主，惩罚为辅”的司法原则，司法社工在参与未成年人刑事案件是否适用于附条件不起诉决定方面取得了一定成效，为检察机关的审查工作提供了助力，保障了涉罪未成年人的合法权益，同时也维护了司法正义。司法社工融入司法领域之中，一方面提高了司法社工的积极性，另一方面使得司法更加柔性化与社会化。未检青少年类似案件较为常见，在实践中专业的司法社工在司法领域中是未成年人权益的维护者，秉承司法社会工作专业的理念，为未成年人提供社会支持。同时，在社会调查过程中，司法社工始终按司法程序办事，要秉持专业的价值观和伦理，努力保持客观性、中立性，客观全面探寻未成年人深层次的犯罪原因，为检察机关实行附条件不起诉提供量刑依据。

第七章
正义的陪伴：司法社工合适成年人到场记[①]

一、案例背景

犯罪嫌疑人马某，男，未成年人，小学文化，无业，小学毕业后偶尔在兰州市的饭馆打工。马某7岁时，其父亲因贩卖毒品被金昌市公安局抓获，被金昌市中级人民法院判处有期徒刑15年，现在武威监狱服刑。父亲被抓后，其母亲离家出走不知去向。马某与爷爷、奶奶及哥哥一起生活。家庭生活来源主要靠种地和政府救济，种地收成主要是洋芋和玉米，家庭生活困难。因马某的爷爷平时要出去打工挣零钱，家里就由奶奶照顾，公安人员家访时发现其奶奶右腿残疾，需拄拐杖行走。2016年12月，马某的哥哥因贩卖毒品被兰州市七里河区公安分局抓获，被七里河人民法院判处有期徒刑5年10个月，现在兰州监狱服刑。2019年3月12日，公安人员到马某家调查时得知其爷爷在外地打工，马某由其能力有限的奶奶监护。因涉嫌贩卖毒品罪，马某于2019年1月24日被西固区公安分局刑事拘留，羁押于兰州市第三看守所，于2019年2月3日被监视居住。

①本章由甘肃北辰社会工作服务中心梁惠撰写，作者系甘肃政法大学2017届MSW毕业生。

二、案例分析

（一）服务对象问题分析

1.从个体上来讲，马某心理不成熟、文化程度低、自我素质不高、社会阅历浅、判断是非能力有限，在缺乏良性诱导的情况下，误入歧途。

2.马某从小有奶奶的溺爱，好逸恶劳，步入社会以后受贪图享受、不劳而获等不良社会风气影响，不靠自己的劳动去自食其力，铤而走险，在他人诱导下走向犯罪。

3.家庭失管是主要原因。父亲在马某小的时候因贩卖毒品被判刑入狱，母亲又离家出走，残缺的家庭使马某从小失去管教，哥哥在16岁时也因贩卖毒品被判刑入狱。家人的违法犯罪行为为马某做了坏的“榜样”，造成家族式违法犯罪。

（二）服务对象需求分析

根据检察机关的处理意见，犯罪嫌疑人马某违反国家对毒品的管理制度，向他人贩卖毒品，其行为已触犯《中华人民共和国刑法》第347条之规定，涉嫌贩卖毒品罪。由于其还未满18周岁，为了确保提审操作的规范性，保障马某的合法权益，检察机关对其进行提审时马某必须有家长或监护人到场。但由于马某的爷爷奶奶均不具有完全监护能力，其父亲因仍在狱中服刑无法到场，根据《刑事诉讼法》第270条规定，检察机关通知社会工作服务中心社工梁某到场，代为行使马某的诉讼权利。

三、服务计划

（一）介入理论

人类行为与社会环境的理论主要观点：人类行为是人类为满足其自身需要而采取某种方式去适应环境所表现出来的活动方式。人类行为是为了适应社会环境的需要而产生的。社会环境是指由影响人类行为的因素如生物遗传、心理状态以及社会过程等交织在一起而形成的社会系统。人类行为与社会环境的关系：个人必须适应环境，社会环境影响个人行为，各年龄段人士所受社会环境的影响不同；社会环境对人类行为的影响不能脱离遗传因素；人类行为也能够改变社会环境；社会环境对人类行为的影响较大。

个体的成长需要良好的物质环境和文化环境。马某从小生活在贫困地区，小学三年级就辍学了。本来应该享受良好教育、成为有用人才的他却因为其家长和监护人没有尽到良好的教育义务，养成了好逸恶劳、贪图享受的不良行为习惯，并且判断是非能力有限，最后走向了犯罪道路。

（二）介入过程

2019年3月20日，甘肃北辰社会工作服务中心社工梁某接到兰州市西固区检察院通知，以合适成年人的身份到场，作为犯罪嫌疑人马某的临时监护人，陪同他接受提审。

提审前，梁某与兰州市西固区检察院签署了合适成年人协议。到了办案区，梁某向马某表明了自己是他的临时监护人的身份与立场，并告知马某临时监护人所拥有的权利和义务。

在讯问的过程中，梁某认真旁听办案人员与涉案未成年人的对话，同时监督办案人员的操作，以保证操作的规范性，从而保障马某的合法权益。对于马某在与办案人员交谈中不能理解的问题，梁某向马某进行了详细解释，并及时安抚马某的紧张情绪，处理他所表现出来的负面行为，促进马某与办案人员之间进行有效沟通。最后，在讯问、询问之后，梁某对马某进行了安抚和教育，帮助马某调整认知，正确理解法律规定及诉讼流程。

讯问、询问结束后，梁某督促马某认真阅读笔录和相关告知文件，对马某不能理解的条款做了详细解释，帮助他正确理解笔录中记载的内容与相关告知文件中宣布的内容，并确认笔录记录的内容与马某所述内容一致。马某在与自己所述内容一致的笔录上签字后，梁某仔细阅读笔录内容和相关告知文件，确保笔录记载与马某供述内容的一致，然后在笔录或相关文件上确认签字。

四、介入效果与服务评估

社工通过查阅档案和检察机关的介绍，了解了马某的详细信息并对如何行使合适成年人的权利和义务做了初步计划。在具体合适成年人到场过程中，社工首先向马某亮明了身份，对马某紧张的情绪和状态进行了安抚和调整。提审过程中，社工对马某给予了最大限度的保护和帮助，不仅向马某解释了国家法律的要求和规定，还向他说明了犯罪行为可能带来的后果，同时教育马某要积极配合检察机关的调查工作，及时反省自己的所作所为，纠正长期以来养成的不良习惯和思维模式。交谈中，马某的心态发生了很大变化，紧张不安的情绪和消极应对提审的态度明显改善。在社工的引导和教育下，马某认识到了自己所犯的错误，对相关法律有了一定程度的了解，并表示以后要明辨是非，不会再走犯罪道路。最后，社工建议马某在以后的生活中，要养成良好的生活习惯，踏实工作，做好人生规划，增强法律意识。

第八章
附条件不起诉未成年人观护帮教服务案例[1]

一、基本资料

小庆（化名），男，汉族，初中文化程度。小庆在案发前租住于兰州市西固区，工作经常变动，案发时处于无业状态。小庆家中有父母、姐姐共四人，小庆和姐姐多由母亲照顾，父子之间沟通较少。小庆在学校读到初中，由于经常旷课，缺乏学习兴趣便辍学在家。半年后，小庆计划去当地技校学习1年，由于发生交通意外，使其技校的学习终止。随后，年仅16岁的小庆独自一人到兰州市西固区打工，主要从事餐饮服务、KTV娱乐场所服务等临时性工作。2018年，小庆被兰州市西固区检察院处以附条件不起诉决定，现已顺利完成考察期，西固区检察院对其做出不起诉决定。

二、需求评估

（一）个体方面

小庆称："已经意识到这次行为的严重后果，本来以为帮朋友出个头没事，没有想到法律这么严厉，这次被监管了这么长时间，以后再也不会犯这种错误，父母之后还会继续在广州工作，我之后也想去广州找一

①本章由甘肃北辰社会工作服务中心刘洪撰写，作者系甘肃政法大学2019届MSW毕业生。

份正式的工作，和父母生活在一起。”

（二）家庭方面

小庆的父母对他的接纳和支持态度很好。事发后，父母也不愿意相信他会发生违法犯罪行为，在父母眼中，他是个懂事听话的孩子。小庆的父母也非常积极地配合处理此次事件，也愿意对被害人进行补偿，并且表示在以后的生活中一定会更加重视他的生活状况，也会一直陪着他渡过这个难关。父亲也希望小庆能够多与他们沟通交流，可见父亲在对小庆的教育方面处于力不从心的状态。

（三）支持系统

家庭人员结构方面。小庆的家庭由父母、姐姐、奶奶组成。小庆出生后，与父母和姐姐一起在永登老家生活。奶奶对小庆疼爱有加，小庆在独居期间，每周回老家探望一次奶奶。在2016年之前，其父亲为当地某工厂工人，小庆在成长过程中基本由母亲照顾生活，父亲参与较少，后因工厂倒闭，其父母带领小庆前往广州打工，由于不适应当地的气候，小庆3个月后回到兰州，独自生活至今。

家庭经济状况方面。村主任介绍：“小庆家中经济情况在村中较为一般，近2年才将房屋翻新，但足以维持正常生活。”也因此，小庆父母才双双外出打工。在小庆父母的口中了解到，他们在广州打工，工资处于半年一结付状态，有时经济情况也较为紧张。父母考虑到小庆在兰州打工，经济条件有限，每个月给其打1000元的生活费。

家庭关系和家庭教育方面。小庆自述：“父亲在我小时候经常出去干活，回来的次数还多些，后来父亲去外地打工，一年才回来一两次，和父亲沟通交流极少。平时生活都是母亲照顾，不过我也不怎么听她的，觉得她老是教育我。到2016年，父母都去广州打工了，我去兰州打工，主要在餐饮和KTV做服务员，姐姐时常打电话关心我一下。”可见，小庆在兰州打工期间，家庭教育的缺位以及父母家人对其感情方面支持的缺位，为其违法行为埋下了隐患。

（四）社交系统

小庆在辍学前结交的朋友均是各个读书阶段的同学，与同学之间交往正常，与村内村民以及同龄人群相处和睦，无偏差行为发生。在西固独居期间，他先找了一份饭馆的服务员工作，持续3个月的工作时间后辞职，又找了一份KTV的工作，工作的时间也很短暂，姐姐偶尔会看望小庆，二人关系稳定。工作期间，小庆结交了一些所谓“社会朋友”，学会了抽烟、喝酒、赌博等不良嗜好。可见，小庆的朋友群体存在一些不良习惯，给小庆在行为上、观念上带来的不良影响，是本次违法行为的间接原因。

（五）综合评估

小庆在青春期的关键时期，缺乏基本的教育和正确的引导，导致他在是非观、人生观、交友观以及人生规划方面都处于被朋友、社会单方面影响的阶段，存在诸多认知、行为方面的不良习性。目前正是小庆人格塑造期，必须要为其提供良好的家庭、朋辈、社会支持等氛围，否则难免再次步入犯罪道路。

小庆的家庭支持系统较为完整，但支持能力较弱，支持系统不合理，也没有发挥其应有的作用。因此，当务之急是帮助他修缮、恢复有效的家庭支持系统，使其在观护帮教过程中能够得到充分的家庭支持，对其产生正确的引导作用。

三、服务目标

（一）总目标

提升法律意识，养成良好的行为习惯，并帮助小庆建立良好的社交圈，恢复支持系统，最终促进其融入社会，降低再犯风险。

（二）阶段目标

1.提升小庆的法律意识，增强其对法律威严的认识以及对法律法规的理解，并让小庆以此规范、约束自己的行为。

2.促进小庆养成良好的行为习惯，改善不良行为发生，树立良好的交友观，梳理朋友圈，减少与不良朋辈的联系，帮助其多结交良师益友。

3.帮助小庆获得社会支持，掌握必备生活技能，学习相关就业技能，提升其就业的可能性。

四、观护帮教计划与服务过程

（一）观护帮教计划

组织小庆参加北辰社会工作服务中心所开展的小组、社区活动，通过在活动中潜移默化的影响和活动后的沟通交流，促进其法律意识提升、行为认知改善。

通过个案、小组活动的方式，帮助小庆进行语言、行为学习，改善其沟通方式和技巧，提升其与家庭成员的沟通频次与内容质量，帮助其恢复家庭支持系统，也帮助其顺利回归社会。

联系资源，为小庆提供支持，一方面教授其必备生活技能，另一方面为其提供就业技能学习，避免再次陷入不良群体交友圈，以致再犯风险。

（二）观护帮教过程

小庆共参与小组、社区活动十余次，其中包括法律学习、孝道教育、沟通锻炼、家庭恢复等多方位内容。小庆在部分志愿服务中通过社工的引导，对志愿服务从消极态度转变为有兴趣参与，并且在志愿活动中通过法律内容的学习、敬老孝道教育、对接初中生的沟通锻炼等，使自己在渐进的志愿活动中逐渐培养对志愿公益活动的认可及热情。活动让其自我反思，产生知错改过之心，产生立志感恩之心，也能配合家庭治疗改善家庭关系，恢复家庭功能，这为其形成良好的是非观、人生观、交友观并顺利回归社会打下基础。

为了能够帮助小庆更好地适应社会，并在社会上立足，在观护帮教开展后，北辰机构便通过观护帮教企业为其提供了一份餐饮服务工作，但由于小庆不愿再从事此项工作，便放弃了。与此同时，北辰机构了解到小庆的亲戚从事门窗及水管道安装工作，通过协调、沟通，小庆的亲戚愿意让小庆在其店内做学徒。小庆在其店内工作数月，学习相关的技术、手艺，并跟随亲戚外出进行安装、维修的工作，至观护帮教期结束时已经可以独立完成部分相关工作。观护帮教期结束后，小庆从亲戚店内辞职，准备前往广州找一份类似工作，同父母一起生活。社工支持小庆的选择，并积极为小庆后续寻找工作提供指引帮助。

五、目标达成与跟进建议

北辰社会工作服务中心开展的“精准滴灌”系列活动，从个体层面出发，通过多形式、多趣味、多群体的方式，提升案主的获得感和成就感。在活动中通过一些要求的设置和潜移默化的鼓励、肯定，使案主能够坚持不懈地完成任务，并挑战自己的惯性桎梏。在活动中，小庆能够做到守时、守约，并扩大了群体的交流范围，为其沟通技能提升大有裨益，也让小庆逐渐淡化、远离不良的交友圈。

在观护帮教期间，小庆通过自己的努力，不仅学习到相关的工作技能，也逐渐打破了家庭沟通的藩篱。在社工的引导下，小庆在3个月的时间内同父母之间通话时长、频率以及通话内容都有了较大的变化。在整个过程中，社工根据对家庭问题的评估、家庭的需求对整个家庭系统恢复做调整。最后，家庭成员间的关系打破了沟通极少的状态，得到逐步缓解，家庭之间的互动也呈现增多的良好趋势。

小庆的父亲不善于表达，父亲对子女的是非观、人生观、交友观以及人生规划方面的影响又是不可或缺的，因此，仍需要对其家庭支持系统进行进一步的完善，使得小庆能够从家庭中获取足够的爱、关怀和教育引导。同时，小庆的父母也要帮助小庆脱离不良交友圈，监督他继续保持良好的行为习惯、生活习惯。

第九章
“破茧师”——青少年社区矫正服务个案①

一、案例背景

服务对象小Z因抢劫罪被判处社区矫正，矫正期于2018年6月18日至2021年6月18日。在缓刑执行期间，由司法所转介于社区矫正中心接案，社区矫正中心考虑到小Z为未成年人，性格叛逆，情况较为特殊，经社区矫正中心开会商讨后决定，由社工小W负责小Z的社区矫正执行工作。同时，社区矫正中心派该中心特聘督导任教师参与小Z的社区矫正工作，并对社工小W进行服务技能与专业知识的指导。

二、案例预估

（一）基本情况介绍

小Z，男，17岁，即将高中毕业。小Z从小生活在农村，一向淘气的他在村民的眼里是一个我行我素的小孩，后来随父母迁居上海，与父母、妹妹蜗居在15平方米的房子里，心情压抑并自卑感强烈；因为小Z父亲是一个普通工人，母亲是“文盲”，所以小Z常常认为自己不如别人。父母对小Z要求非常严格，希望小Z能好好读书，一家人的希望都寄托在小

①本章由甘肃北辰社会工作服务中心张佩佩、马宝平、马吓夫叶撰写，作者系甘肃政法大学2020届MSW毕业生。

Z身上，一旦小Z考试不理想或犯错误，父母就非打即骂，小Z因此与父母的关系并不和睦。小Z平时喜欢上网、抽烟，内心比较叛逆，不爱学习。在网吧上网期间，结识了女友小H。在同伴的带领下，小Z曾多次实施抢劫，后因抢劫罪被判处有期徒刑3年，缓刑3年。在缓刑执行期间，依法实行社区矫正。在小Z执行社区矫正期间，与女友小H产生了一系列矛盾，两人最终选择分手。

（二）基本需求分析

1.内在因素

（1）个人行为史

小Z处于青春期，是人生的一个重要阶段，不论是行为还是心理，都需要更多的引导和支持。但是由于缺乏家人和教师的关心，小Z更多的是和同龄人在一起，这样就更容易受影响并形成一些不良的行为习惯，比如平时喜欢和朋友一起去网吧，而且去的次数比较频繁，久而久之学会了抽烟、喝酒，甚至为了所谓的哥们情谊聚众斗殴等。因为不爱学习，小Z与父母和教师的关系也不好，他经常逃课去上网，还在网吧结识了女朋友，把心思都花在了游戏和谈恋爱上。在刚开始与朋友一起结伴抢劫时，小Z并没有意识到这种犯罪行为的严重性，也没有得到教师或家长的及时制止，因此才会屡次施行抢劫，结果对他人造成了一定的伤害，自己也得到了相应的惩罚。社工在刚开始介入的时候，首先需要让小Z意识到他的行为习惯是有偏差的，需要进行一定的修正，让他形成良好的行为习惯，避免之前的偏差行为带来的不利影响。

（2）人格特质

虽然小Z从小生活在农村，父母也经常不在身边，在邻居眼里的他是一个比较淘气的孩子，但是本质上是善良的，也会做一些让父母和教师欣慰的事情。在农村的时候，小Z性格比较开朗，生活得很开心，但是自从随父母来到城市以后，除了家人之外都是陌生人，他也没什么朋友；再加上家里条件不好，小Z无法与城市里的孩子一样过优质的生活，因此产生了自卑心理，越来越沉默寡言，很少与家人交流，也不愿意多交朋友，慢慢地把自己封闭起来，变得很敏感。由于这种性格，导致在面对社区矫正、失恋以及工作不顺时，心情会更加压抑，他自己无法走出这样的情绪困境，需要社工进行引导，使他能够摆脱困扰，积极面对生活。

（3）态度

小Z在面对学习、家人以及未来时都持有比较消极的态度，对待学习不认真，因为成绩差经常遭到教师的批评和父亲的暴力对待，但是他习惯了这种情况，因此没有想去改变现状的想法，也将之作为生活的一部分去面对。他不愿意与家人交流，除了吃住在家之外基本都不愿意回家与家人待在一起，即使受到父母的责骂也不会去为自己解释，父母视之为仇人，他也将父母当作“最熟悉的陌生人”。对于未来，小Z基本没有考虑过，认为自己的人生不重要，过成什么样都无所谓，没有想要去改变人生的想法。但是在矫正期间，小Z意识到自己对待事物的态度有问题，也认识到触犯法律的严重后果，因此想要去改变，愿意通过努力去让自己的生活回归正常，所以寻求社工小W的帮助。

（4）交往关系

由于性格敏感自卑，小Z在班里没有好朋友，妹妹跟他关系也不好，平时放假只能去网吧玩游戏，他觉得只有在游戏中才能找到乐趣，暂时忘记现实生活中的烦恼。后来，他在网吧结识了一些社会青年，他们跟小Z的经历较相似，能感同身受他的烦恼，并且与他有很多共同话题，所以他们成了一有时间就相约网吧的“好哥们”。然而，由于这些社会青年本身就已经养成了一些不良的行为习惯，在他们的影响下，小Z也开始与他们保持一致，向他们的行为看齐。在他看来，这是对待友谊真诚的一种表达方式。其实，他是一个单纯的孩子，胆子也比较小，不可能干一些违法乱纪的事，但是为了所谓的哥们情谊，他在同伴的带领下多次实施抢劫，最终得到了惩罚。如果他没有被发现逮捕，以后可能会变本加厉，犯下更严重的错误，毁了自己的人生。

每个孩子在青少年时期已经成为一个独立个体，他们更多的是和同伴在一起，因此同伴群体的影响至关重要，一旦习得一些不良嗜好，会造成很严重的后果。所以，社工需要改变小Z的同辈支持网络，让其与一些有正向行为习惯、有积极人生态度的人交往，在他们的影响下形成更好的行为习惯，对生活更加充满希望。

2.外在因素

（1）家庭社会关系

小Z从小就是留守儿童，由爷爷奶奶照顾长大，父母只是每年过年回家一次，妹妹在父母身边长大，所以她与父母的关系很亲密，相较于自己的父母，小Z则更喜欢爷爷奶奶。在他的印象里，父母给予他的关爱很少，每次打来电话也只是问一下学习情况，或者嘱咐他听爷爷奶奶的话，很少关心他的生活。即使后来与父母在一起生活，他还是没办法对他们敞开心扉，总觉得与他们有隔阂；即使母亲对他照顾得很周到，他还是觉得他们爱妹妹更多一点。父亲只关心他的学习，一旦考不好就是非打即骂，在小Z眼里，父亲就是一个蛮横粗鲁的人。由于从小没生活在一起，他和妹妹的关系也很一般，两个人也不会说过多的话，互相不干涉对方的生活。小Z本来就不适应城市里的生活，再加上这种家庭关系，更加剧了他误入歧途的可能性，因此，家庭关系的调节很有必要。

（2）学校与工作关系

小Z是转校生，本身就很难融入新的班集体，又因为家庭条件不好，可能会被班里有些同学歧视，再加上敏感自卑的性格，平时喜欢独来独往，所以很少参加班集体的一些活动。他的学习基础本就不太好，所以刚开始听课时就觉得吃力、跟不上，慢慢地也就“破罐子破摔”，上课时要么睡觉要么看小说，成绩自然就班里垫底了。长此以往，小Z在班里没有太多存在感。在小Z执行社区矫正期间，司法所为其安排了一份服务员的工作，但是也因同事的非议而辞职了。之后因为自己一没有学历、二没有技能而找不到合适的工作，就一直待在家里。因为他已经高中毕业了，所以现在主要解决他的未来规划问题，要么补习一年考大学，要么学习技能找一份合适的工作。

（3）休闲娱乐方式

对于小Z来说，他的个人爱好是篮球。之前在农村的时候，小Z经常和同学一起在业余时间打篮球，但是自从来到城市，他因为没有兴趣一致的朋友或同学，所以就放弃了这个爱好。后来，他喜欢上玩游戏，在网吧结识一些社会青年，学会抽烟喝酒，平时的娱乐方式就是与朋友厮混和玩游戏。所幸小Z没有触碰毒品，因此他没有形成药物依赖，对于行为上的改变，社工小W是可以帮助小Z的。

三、服务计划

（一）服务目标

总目标：让小Z顺利完成社区矫正任务，回归正常生活，预防再次犯罪。

具体目标：（1）改变小Z对自己行为的认知，矫正之后能够形成良好的行为认知；改善小Z敏感自卑的心理，鼓励他多与同学和家人交流，培养自信心；提高小Z对待事物的积极性，转变消极的态度，增强法律意识，形成正向进取的人生观念；让他认识到不良少年的负面影响，鼓励他结识品德优秀的伙伴，建立良好的同辈群体支持网络，激励小Z前行。（2）改善小Z的家庭环境，改变父母对他的态度，形成一个良好的家庭氛围；改变同学和教师对小Z的偏见，营造和谐的学习环境，培养专业技能，让其能够找到心仪的工作；让小Z了解积极的休闲娱乐方式，避免不良诱惑，按时完成矫正任务，做好人生规划。

（二）服务策略

第一阶段：建立专业关系，处理案主不良情绪。小Z刚开始社区矫正会有一些不适应，社工小W需要关注小Z的不良情绪，缓解其心理压力，给予及时的情绪支持。

第二阶段：从内在方面，改变他的不合理认知和对待事物的态度，提高自信心，改善自卑敏感的性格，使其认识到不良同辈群体的影响，形成改善同辈群体支持网络的意识。

第三阶段：从外在方面介入小Z的家庭和学校，营造良好的生活和学习环境。按照他的喜好为其链接资源，进行一定的技能培训，提高就业能力。与小Z一同制订一份娱乐方式规划表，进行一定的奖励，督促他远离不良诱惑，预防再次卷入违法犯罪的事件中。

四、实施过程

（一）内部情况改善

1.修正不良行为

社工小W发现，小Z的不良行为主要是由于其错误认知引起的，通过与小Z共同剖析其犯罪原因，引导小Z自己发现自己的错误认知，并帮助其修正这些错误认知引起的不良行为。小Z将自己的犯罪原因一一列在纸上，社工通过筛选总结后发现主要有以下几点：一是通过抢劫自己可以得到更多的钱，有了更多的钱，朋友才能认可他；二是自己的朋友都这样做，他不能背弃所谓的朋友，需要与他们保持一致；三是父母觉得他学习不好就会一事无成，自己想证明给父母看。社工对以上三点进行了澄清，帮助小Z认识到自己的以上认知是错误的，激发小Z对自身犯罪行为的悔过意识，引导小Z修正不良行为。社工小W告诉小Z，好朋友是相互学习、相互成长的，并不是朋友的所有行为都要效仿，有不好的地方应进行劝诫，相互督促，共同进步。小Z通过与社工小W的谈话意识到自己的想法是错误的，并愿意积极做出改变，修正自己的不良行为。在社会矫正期间，社工小W与小Z共同制订了一套行为准则表，社工小W督促小Z每天坚持记录自己产生不良行为（包括抽烟、喝酒、上网等）的次数，经过一段时间的记录，社工小W与小Z都发现，小Z的不良行为得到了改善，抽烟、喝酒、上网等次数明显有所降低，并且小Z的朋友多次约小Z再次实施抢劫，都被小Z坚决拒绝了。由此可见，他改变了以往随波逐流的态度，杜绝再犯罪。社工小W结合小Z目前的服刑表现、朋友圈子等情况，判断小Z目前情况稳定，对犯罪也有悔过意识，无重犯苗头。鉴于其年纪较小、法律意识相对薄弱，为了提高矫正成效，社工小W建议小Z有计划地、有针对性地学习法律知识，加强法律法规的学习，预防再犯罪。

2.改善人格认知

社工小W通过与小Z的交谈发现，小Z的内心比较敏感脆弱，又因其处于青春期，性格较为叛逆，自信心不足，经常认为自己不如别人，但本质上是一个善良的孩子。在农村的时候，小Z性格比较开朗，生活得很开心，后来跟随父母来到城市生活，发现自己与城市的孩子有很多的不同，意识到了其家庭条件较差，常常因此而感到自卑。在这些错误认知的引导下，小Z认为抢劫可以使自己内心得到满足，改善自己的自卑感，在自我认知与同辈群体的双重作用下，小Z多次实施抢劫。此前，小Z多次抢劫成功让其产生了侥幸心理，其内心并没有意识到自己的错误。在案件发生后，小Z在社区矫正执行期间逐渐意识到自己的侥幸心理可能是错误的，在与社工交谈的时候透露了自己的想法。社工帮助小Z做出澄清，并告知小Z，抢劫行为实施的内在原因是其认知与观念出现了偏差，并不是因为其侥幸心理，抢劫行为并不能使小Z真正提升自信心，他自身也有很多闪光点，并不是处处不如别人。社工小W让小Z身边的人写下小Z的三个优点并进行收集，最后与小Z一起进行了分析，帮助小Z挖掘自身潜在的人格特质，消减其自卑感，恢复开朗的性格。

3.培养积极的心态

小Z在日常生活中态度消极，积极性不高，对什么事都持无所谓的态度。小Z在矫正期间，因为工作与同事发生争执，遂提出辞职。女友因小Z丢了工作提出了分手。小Z本身是一个负面情绪较重的孩子，因工作和感情两方面受挫使他感到自己非常失败，整日闷闷不乐，经常怀疑自己。社工小W与小Z面谈，引导小Z说出自己的心事，小Z告诉社工小W，因为需要花时间来完成社区矫正的一系列安排，自己觉得很受束缚，并且他人的议论让自己十分不自在，父母也因此而觉得丢人。社工小W首先对小Z进行了情绪安抚，并与小Z共同分析了违反规定和被议论的两方面的后果，严肃告知其不遵守社区矫正的严重后果，协助小Z适应社区矫正的过程，劝诫小Z遇到问题时应该想办法解决，而不是用消极的态度去逃避或者对抗。在社工小W得知小Z并不愿意将自己的心事告知父母时，小W建议小Z多与父母交流，引导小Z将自己内心的真实情绪如实告诉父母，促进小Z与父母进行积极交流，加强其交流意愿。社工小W通过多次会谈，发现小Z内心对未来有很多期待，因此社工小W引导小Z培养积极的人生态度，帮助小Z发现自己内心的真实诉求，将对未来的期待转化为可实施的人生规划。

在一段时间之后，小Z的消极态度明显有所改善，并积极参与社区矫正法定教育与社区服务。社区居民对小Z的印象也逐渐改观，居民希望他在社区能继续为居民服务。在参与社区服务的同时，小Z的心态发生了很大的改变，整个人变得积极阳光起来。

4.重构同辈群体支持网络

小Z在社区矫正、社区服务期间认识了一些义工朋友，并与之建立了良好的关系。在每个月8小时社区服务中，小Z经常与他们沟通交流，性格也发生了很大的转变，整个人都变得更加积极与乐观，并且在与新朋友的交流中，也发现了自己之前的一些错误想法，认识到如何正确地与朋友进行沟通来往。与此同时，社工小W也对小Z进行引导和劝说，帮助小Z重构同辈群体支持网络，鼓励小Z与新认识的朋友多交往，学习他们的优点，积极参与到社区矫正、社区服务工作中。当朋友小L来找小Z去网吧或者抽烟解闷时，小Z拒绝了小L的提议，并劝说小L也改变这些不良习惯，同时表示自己不会再去以前去的场所。因为自己之前的错误导致父母都很难受，而且父母也积极参与到自己的社矫服务中，小Z表示不想让父母失望，希望小L可以和他一起做出改变。

（二）外部情境调适

1.修复家庭社会关系

针对小Z的情况，社工小W进行了一次家访，为了进一步促进小Z的改变，希望能够得到父母的帮助和配合，并告知其父母家庭关系对未成年人有着至关重要的影响，父母需要多关心自己的孩子。社工小W告诉小Z的父母，小Z对父母分别进行打分来表达他们在他心里的亲密关系，父亲得了3分，母亲得了5分。小Z表示父亲一直严格管教自己，非打即骂，自己有些难以接受，而母亲作为父亲的“帮凶”，虽然不打自己，但是也不为自己说好话，父母对待妹妹和对待自己的差别太大，让自己感到沮丧，不受重视。小Z的父母听完社工小W的话以后感觉十分自责，觉得没有做到父母应尽的义务，社工小W对小Z的父母进行了安抚，并希望他们能够积极地参与到小Z的社区矫正服务中，对小Z多加关注，通过家人的力量协助小Z进行积极正向的改变。随后，小Z的父母根据社工的建议，用同样的态度和方式对待两个孩子，父亲平时主要负责督促小Z完成社区矫正的相关规定，母亲则主要负责小Z的日常生活照料，妹妹也愿意与哥哥主动亲近。平时，小Z的父母经常组织召开家庭会议，及时了解小Z的心理状况，与小Z多沟通。此后，小Z与家人的关系逐渐缓解，变得更加亲近彼此。

2.提升就业技能，合理规划人生

社工小W与小Z在前期共同制订了生活作息规划，经过一段时间的执行，小Z的生活作息得到了很大的改善，整个人变得更加积极、乐观，身体素质得到很大的提高。但是谈及未来时，小Z仍比较迷茫，家人虽然对自己的生活方面比较关注，但对于未来的职业规划并没有很好的建议。小Z经过考虑之后，主动告诉社工小W这一情况，觉得自己不是读书的材料，强迫他继续读书他也会半途而废，不如学习一技之长，参加工作，但是因为自身就业资源比较匮乏，所以希望得到社区矫正中心的帮助。社工小W与小Z交谈发现，小Z对服务类行业较为排斥，认为服务类行业是比较“低贱”的工作，感觉自己“放不下面子”。当社工小W提及之前司法机关为其安排的工作时，小Z表示自己其实不喜欢那样的工作，希望自己能够得到一份体面的工作。社工小W将这一情况向社区矫正中心进行了反馈，针对这一情形，决定为让小Z与情况相似的人进行就业技能培训。通过培训之后，小Z掌握了计算机操作技巧，与社工在招聘网上查找一些合适的工作，随后在一家广告公司顺利入职。小Z入职后，生活渐渐走向了正轨，社工小W对此进行了表扬，并鼓励他坚持健康的生活作息，通过运动或其他合理的方式宣泄不良情绪，构建和培养正向积极的价值观，找到自己的人生目标，做好人生规划，迎接新的未来。

3.培养健康的休闲娱乐方式

社工小W在小Z所画的兴趣树中发现，小Z本身是一个喜欢运动的孩子，尤其喜欢打篮球。在农村生活的时候，小Z经常与自己的伙伴一起打篮球，但是自从来到城里以后，生活作息习惯发生变化，再加上结识的朋友大多以打游戏、抽烟等作为放松的娱乐方式，因此小Z逐渐放弃了自己打篮球的兴趣爱好。社工小W协助小Z制订了生活作息规划，让他合理安排自己的时间，以运动来代替之前抽烟、喝酒、上网等行为，社工小W鼓励小Z重拾以往的兴趣爱好，建议小Z通过打篮球这种更加合理健康的休闲娱乐方式宣泄自己的不良情绪，让自己的生活变得充实起来。社工小W也将小Z与社区矫正中心其他喜欢打篮球的矫正人员组织起来，举办篮球比赛、趣味运动会等，加深了社区矫正人员之间的联系，丰富了矫正生活，这些矫正人员在空闲时间也自发组织打篮球等活动。经过一段时间后，小Z逐渐培养了健康的休闲娱乐方式。

五、介入效果及服务评估

社工主要通过档案收集了小Z的基本信息，通过基线测量评估的方法对小Z的个案服务进行了评估，在结案时发现小Z的内在与外在层面均有了很大的改变。其改变主要体现在以下几个方面：在内在层面上，小Z的不良行为得到了修正，抽烟、喝酒、上网等次数明显减少，社工小W也帮助小Z挖掘自身潜在的人格特质，消减其自卑感，恢复开朗的性格；小Z的心态发生了很大的改变，消极态度有所改善，小Z与女友分手和辞职导致的沮丧情绪得到了缓和，整个人变得积极阳光起来；小Z在社工的教导下认识到自己的错误，对法律知识有了一定的了解，表示自己不会再被同伴引诱做违法犯罪的事；社工引导小Z结识对自己成长有帮助的人，拒绝不良诱惑，重新建构了同辈群体支持网络。在外在层面上，社工通过与小Z家庭的沟通，获得了其父母的支持与理解，之后父母改变了对小Z的态度，监督他好好完成社区矫正，给他更多的关爱，之前紧张的家庭关系得到了缓和，一家人相处得很和睦；针对小Z的工作问题，社工为其链接资源，组织就业培训。小Z在经过一段时间的培训后掌握了一定的技能，并且找到了适合自己的工作；社工小W鼓励小Z重拾以往的兴趣爱好，建议小Z通过打篮球这种更加合理健康的休闲娱乐方式宣泄自己的不良情绪，让自己的生活变得充实起来，小Z也通过打篮球代替了以往打游戏、抽烟、喝酒等不健康的娱乐方式。

根据介入效果及服务评估结果，社工小W判断小Z基本不会再次犯罪。同时，建议小Z在以后的生活中保持乐观向上的心态，并督促自己继续保持现在养成的良好习惯，做好人生规划，增强法律意识，顺利完成社区矫正，回归正常生活。

六、反思与小结

（一）专业反思

1.小Z属于未成年人，青春期的一个重要表现是叛逆心理较强。小Z由于种种打击对自己产生了否定的态度，情绪消极，社工在服务过程中首先要做的就是对其进行耐心的引导和鼓励，及时关注他的不良认知，引导其建立正确的人生观、价值观和世界观。提高他的自信心，鼓励他建立良好的生活规划，积极配合社区矫正工作。

2.社工评估小Z的性格以及行为的影响更多来源于家庭环境和朋辈群体，社工帮助他建立社会支持网络，将家人、朋友以及社工进行有目的的连接，提高支持力度。帮助小Z从思想、行为上进行矫正和重建，提高自我约束力，建立符合社会规范的生活态度和行为模式。社工相信，经过社区矫正期间对小Z的帮助，他一定能有所成长，懂得和理解责任的意义。

（二）小结

关于青少年的犯罪原因，我们主要从两个大类、七个维度进行分析，社工小W从微观和宏观的角度对小Z的犯罪原因进行了剖析，内在原因主要表现为个人的行为、人格特质、态度以及交往关系，外在因素体现在家庭关系、学校与社会关系以及休闲娱乐方式方面。从社会工作的专业角度来看，小Z像是生活在被有问题的维度包围的茧里面，而社会工作者扮演的角色就是打开这个茧的“破茧师”，帮助小Z破茧而出，获得一个全新的自己。社区矫正不是为了惩罚犯罪者，而是给他们一个意识到自己错误、改变自己的机会，让其最终回归正常生活，预防再犯，实现社区矫正的总目标。

第十章
抗疫行动之大学生线上一对一辅导服务案例[①]

一、案例背景

庚子年（2020年）初，新冠病毒来袭。为抗击疫情，全国采取最严防控措施，大中小学生停课在家，居家学习面临着各种问题。疫情面前，各地纷纷延迟开学，各大中小学也开始通过互联网等形式开展远程教育，学生所处的成长环境和接受教育的形式都发生了改变，他们的心理状态受到不同程度的影响，也面临着方方面面的压力。

自3月中旬开始，在中国社会工作教育协会“第八督导组”的指导下，甘肃北辰社会工作服务中心与甘肃政法大学公共管理学院联合开展了大学生志愿者一对一线上课业辅导活动。

二、案例预估

本次大学生志愿者一对一线上课业辅导活动主要动员对象是因疫情在家隔离的大学生，主要服务对象是受疫情影响不能正常返校的中小学生，这两个群体在疫情期间受到了不同程度的影响，又各有不同的优势和困扰。

①本章由甘肃北辰社会工作服务中心张凯程撰写，作者系甘肃政法大学2019级MSW学生。

大学生在家期间每天按照课程上网课，总体来说学习压力不大，但是缺少其他社交活动，人际交往会在这段时间内出现问题，特别是家庭内部亲子关系，家庭成员之间可能会产生一些误解。大学生属于能动性较强的群体，每个个体对自己的大学生活都有一定期望，比如社团活动或者创新创业，因受疫情的影响，原来的规划可能推迟或落空，大学生会有一定的失落感，没有办法得到自我实现的需求。大学生长期在家，很少接触除父母以外的其他人群，与之前上学期间相比缺少多种社会支持，比如教师的教导和朋辈群体的交流，这些支持的减少会让大学生在很多问题上感到迷茫。

中小学生的生活方式因疫情发生了变化，同时也带来心理状态的改变和各种新的压力感。在认知上，可能因为过多获得疫情相关的新闻和真假难辨的消息而无法对疫情做出科学的理解与判断，甚至会出现过于悲观的想法；在情绪上，会出现无聊、烦躁、憋屈、消沉、抑郁、易怒、恐惧等困扰；在行为上，会无所事事、懒于学习、不思读书或沉迷手机游戏、网络电视等；在人际交往上，会产生人际交往范围极窄（缺少同伴交往）、交往能力和欲望都下降、易与家人争吵等问题；在躯体化反应上，可能会出现无明显原因的疼痛问题、消化系统问题、饮食问题和睡眠问题，也可能因为对疫情的担忧出现过度关心自己的身体症状或出现反复洗手、消毒等行为。

对于中小学生内部压力，我们可以按照普遍和特殊的原则将所有的学生分为“面临升学群体”的压力和普遍学生群体的压力。对于即将面临大考的初三、高三学生，主要是升学的压力和突如其来的疫情，不少学生觉得网课不能让自己产生安全感，也缺乏和同学并肩作战的热情。尤其是对高三这样的毕业班而言，离开校园的环境，学生没有了参照和比较，难以定位自己的学习程度，进而产生不确定感，但是考试期限又在一天天缩减，这种内外矛盾催生出很大的压力感。此外，对于包括升学群体在内的学生群体而言，由于不能外出被局限在家里，和父母的接触时间增加，同时孩子由于没有自主安排业余时间的意识和能力，生活过颠倒、游戏过度，这进一步导致亲子矛盾加剧，亲子沟通成为各个阶段学生普遍存在的压力。

除了学业需求和亲子关系需求，安全需求也成为疫情期间很特殊的一个需求，特别是疫情严重的地区，学生会担心自己和身边人的身体健康，当周围人出现病情住院或者不幸去世时，学生会恐惧疫情，导致情绪低落，失去信心。这个时候，需要对中小学生疫情防范的知识进行普及，建立疫情会被战胜的信心。

三、目标

本次志愿活动的目标是面向全国范围招募大学生志愿者，将有担当、爱奉献的大学生们团结起来，在足不出户的情况下，为疫区等地方中小学生提供课堂以外的一对一线上辅导服务，在“停课不停学”的要求下解决目前中小学生复课前的课业辅导问题，在辅导其功课的同时关心其心理状态。在此基础上建立一个分工合作的志愿者平台，平台特色是组织青少年志愿者为青少年群体服务，目标是将平台与社会工作专业“云学习”相结合，让志愿者与社会工作专业的学生在实战中既提升自身专业技能，又为需要帮助的孩子和家庭送去专业服务。

通过本次活动，积极探寻一种组织形式，以此激发青少年解决问题的自发性。通过青少年群体间的互助培养、青少年的公益精神和协作能力，在疫情大考的背景下，对大学生群体的志愿服务进行社会工作化组织，让大学生个体和志愿服务平台共同成长。

四、服务计划与执行

（一）筹备阶段

首先，组建管理团队。本次志愿服务活动由甘肃政法大学公共管理学院副院长、甘肃北辰社会工作服务中心理事长任文启教授担任总督导，管理团队分为服务活动需求评估组、志愿者招募组、初级督导组以及团队管理组，团队成员是来自甘肃省、陕西省、黑龙江省、河北省、江西省、山西省等全国各地的大学生志愿者。

其次，通过公众号进行需求评估。由需求评估组制作并发布服务对象报名小程序，统计整理服务对象的基本数据，这些基本数据则交给志愿者管理团队按照服务对象的需求进行编号分类，以年级和辅导科目为分类标准。

志愿者管理团队除了招募志愿者，还负责志愿者的遴选、培训和管理。把志愿者的基本信息经登记后根据志愿者特长进行分类和编号，由总督导进行统一的网课培训，团队管理组起草志愿者工作指引。

初级督导组负责在志愿者中选择有社工证或者心理咨询师证的研究生做督导，并按每组十人进行分组，每组选出一名组长，由总督导进行统一的网课培训，团队管理组起草督导工作指引。

四个工作组建立以后，志愿者管理团队将服务对象信息上传到志愿者群中，志愿者根据情况自行匹配，然后由志愿者团队登记匹配好的辅导小组，为每一个辅导小组安排一位初级督导。志愿者匹配成功后，会被告知服务对象的电话，志愿者与服务对象家长通话后确定服务频次和服务时长，如果双方达成一致，则汇报初级督导和志愿者管理团队，如果未达成一致，则重新匹配。初级督导为匹配成功的志愿者提供督导服务，而且每次督导结束后填写督导记录表，每周交给督导组组长，并及时汇总报告服务过程中出现的问题。

（二）实施阶段

本次志愿活动第一期共招募志愿者819人，主要以甘肃政法大学学生为主，占764人，其他学校学生55人。志愿者中取得教师资格证的共40人，取得助理社会工作师资格证的12人。志愿者所学专业多以文科为主，工科占21人。志愿者所在年级以大一、大二学生居多，达到招募总数的2/3。

需要在线辅导的报名学生人数共计259人，其中高中生45人，初中生85人，小学生129人。需要辅导的年级主要集中在小学一年级、五年级、六年级，初中二年级和高中三年级；需要辅导数学的人数共计155

人，需要辅导化学的人数共计30人，需要辅导物理的人数共计37人。需要辅导的科目总体显示年级越高越偏向于理科，高年级更偏向于数、理、化，低年级偏向于语、数、英，数学成为各个年级辅导需求率最高的科目。服务对象主要来源于甘肃省兰州市和湖北省黄冈市。

第一期志愿者中共有222名志愿者成功开展志愿服务。志愿者总服务时长为128.18小时，服务总次数达到132人次。部分服务对象不仅在课业方面需要辅导，而且考前心理压力过大、家庭关系不佳、个人情绪失调等情况也是较为突出的问题。经过调试沟通，志愿者和服务对象已经可以熟练地进行线上互动。

（三）调整阶段

总结第一期志愿活动的经验，第二期服务对象报名则侧重于湖北省黄冈市各社区，志愿者招募则要求能够辅导高中数、理、化等学科，并同时招募有能力开展考前心理减压、家庭关系调适、情绪疏导的专业志愿者。所以，第二期具有针对性地招募了能够辅导高三数、理、化等科目的志愿者49名。同时，报名的服务对象中，外省人数也显著增加。根据服务对象、志愿者和督导的反馈，目前服务的主要问题集中在服务时间的协调，双方对线上操作的熟练度，小部分初三、高三学生对心理辅导的需求等方面。基于此，甘肃北辰社会工作服务中心为有需要心理辅导的学生提供了专业的心理咨询师一对一线上服务。

根据第二期服务中的服务反馈，团队管理组针对各省开学情况进行调整，在不影响学生正常上课的情况下，链接志愿者提供高质量的课后辅导，细分并积极关注中考、高考备考学生的心理状态，采用线上个案、线上小组等方式，提供考前心理减压、家庭关系调适、情绪疏导等专业服务。第三期服务中，除了招募到250名中小学服务对象外，项目还招募了12名特殊服务对象，其中大专生1名，初中生2名，小学生9名，自闭症儿童5名，学习障碍儿童1名，心理障碍儿童8名。对于这些特殊服务对象，甘肃北辰社会工作服务中心招募社会工作专业志愿者为他们提供了高质量的学业辅导和专业支持。其中有一名具有升学压力的学生，该服务对象所匹配的大学生志愿者敏锐地发现了他的情绪失调，并及时向督导反映，通过督导组的协商，将该名学生转介向甘肃政法大学心理学教师进行危机干预，通过一段时间的个案辅导，该名学生情况好转，重新拾起学习信心。

在第三期服务开展的时期内，大部分学校陆续开学了，大学生志愿者们也开始处理自己的学业，所以志愿者的服务热情相比活动刚开始时有一定减弱，服务对象的人数因为前几期线上辅导的服务口碑的建立仍然在增加，这个时候志愿者库的储备变得紧张起来。在第四期活动的筹备中，项目管理组扩大志愿者的招募，完善志愿者激励机制，细化服务对象需求，做好跟踪回访工作，达到高质量的服务效果。同时，做好志愿者和服务对象的协调工作，合理安排上课时间，不影响服务对象和大学生志愿者的学习和生活。

（四）结尾阶段

第四期服务距离第一期服务开始已经过去了将近2个月，全国的疫情状况趋于稳定，各地大中小学陆续开学，相比之前的数据，报名辅导人数和新增志愿者人数都有所下降，第一批志愿者结束辅导。第四期大学生志愿者线上辅导服务对象共报名177人，其中需辅导数学113人、语文103人、英语90人，由于很多地方陆续开学开课，此次报名主要“靶向”为湖北省黄冈市，有部分报名对象来自同一社区，可见前期已有较好的辅导效果，在社区内形成了一定口碑。第四期招募志愿者57名，受志愿者招募渠道所限，招募到的志愿者文科居多，其中文科专业50名、理科专业7名。

四期活动共招募志愿者1025名，共有693名志愿者匹配成功，进行授课服务，志愿者总服务时长达2939.27小时。

根据第四期服务情况，团队管理组准备开辟新的志愿者招募思路和新增辅导内容。在招募思路上，针对即将开始的社会工作专业实习，将目前的线上一对一辅导与“云实习”结合起来，将社会工作专业力量纳入一对一辅导的志愿者队伍之中。在辅导内容上，将根据需求开拓更加深入和个性化的线上辅导内容，增加考前减压、情绪支持、心理辅导、家庭关系调试等内容。同时，探索新的“云实习”的管理与运行模式，让志愿者与社会工作专业学生在实战中既提升自身专业技能，又为需要帮助的孩子和家庭送去专业服务。

五、反思与小结

（一）专业反思

疫情背景下参与一对一辅导的大学生志愿者需要被有效组织和管理，大学生有很高的自主性和自发性，而且其年龄性质和志愿者身份使他们需要受到尊重、支持和肯定。面临项目开展一段时间后志愿者积极性降低的问题，管理工作必须考虑到大学生志愿者的内心感受，给予足够的督导，安排合适的工作时间，而且让其不断接受社会工作有关知识的培训，并适当加重其责任，使之成为工作团队的一员。

大学生志愿者在奉献时间、知识和技能的同时，更加重视自我的收获。本次活动没有提供物质奖励，也没有相关个体表彰，但是从项目开始一直有大学生志愿者参与进来，一千多名大学生志愿者开展了线上辅导服务，可见除了大学原来学分制等激励背景下的志愿服务以外，大学生群体可以在自我志愿精神的指引下，跟随有组织的群体，在志愿服务中收获对自己服务价值的肯定和尊重。

（二）小结

此次大学生志愿者线上一对一辅导活动是青少年社会工作的新尝试，用青少年社会工作的方法组织一批青少年志愿者为其他青少年提供服务，在此之中组建完善了团队，而且教授参与的大学生志愿者社会工作的有关知识技巧，搭建了互联网背景下的志愿者服务平台，培养了当代大学生的公益精神和团体协作能力。学生和家长反馈良好，很多志愿者在学生开学后通过商议继续为其提供辅导，可见学生和家长对辅导质量的认可。

后　记

2018年3月，本人接受共青团甘肃省委委托，主笔撰写《甘肃青年中长期发展规划（2018—2025年）》，期间为了解甘肃青年发展状况做了全省调研，对甘肃青年的发展要求和面临的问题有了全面的了解，由于本人从事社会工作教学与研究，因此也为甘肃青少年社会工作队伍建设提出了任务量和时间表。项目完成后，本人意识到，青年发展离不开青年工作，更离不开青少年社会工作，因此又组建新的课题组转向了对甘肃青少年社会工作发展概况的研究。

新的课题组里有来自甘肃政法大学公共管理学院的缪自锋副教授、李晟赟副教授、何蓉副教授和郑延瑾副教授，以及西北师范大学赵茜讲师与西北民族大学常进峰讲师，在华东理工就读的梁盼博士也加入其中。教师们主要负责理论研究部分，分别对甘肃青少年社会工作的服务需求、存在问题及理论对策等做了专题研究。我校2017级MSW温雅、刘洪、付珣，2018级MSW张佩佩、马吓夫叶、马宝平和2019级MSW张凯程等同学将其在甘肃北辰社会工作服务中心做过的实务案例撰写出来，作为实务篇的一部分。甘肃北辰社会工作服务中心的梁惠总干事、甘肃兴邦社会工作服务中心的何方总干事以及甘肃佰草木社会工作服务中心的俞丁山总干事也将近年来所开展的典型青少年社会工作服务案例贡献给了课题组，使我们能够管窥到甘肃青少年社会工作的实务状况。

2019年6月28日，共青团中央、民政部在京联合发布《青少年社会工作服务指南》，这是目前社会工作领域的第一个国家级标准，对青少年社会工作服务的原则、内容、方法、流程和管理等进行了规定。这说明国家对青少年社会工作服务的迫切要求，也说明我们的工作符合国家发展社会工作尤其是青少年社会工作的政策趋势。

在本书的写作过程中，我们既认识到目前理论研究与实务探索的不足，也意识到此次发展报告在反映和推进目前甘肃青少年社会工作方面的欠缺，我们希望在指出这些不足的基础上做出第一个靶子，以臻后进。

本书受到甘肃政法大学公共管理学院学科建设经费支持，系甘肃政法大学2019年重点项目“涉罪未成年人社会支持体系中的司法社会工作实务研究”阶段性成果，项目号GZF2019XZDLW06。感谢甘肃政法大学及公共管理学院各位领导对社会工作专业多年来的一贯支持！

感谢宋婷编辑热情悉心的工作。

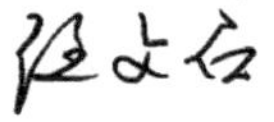

2020年5月30日